Primera edición Febrero, 2010
¿Qué Buscas?
D.R. ©2010 Frank Iñiguez
ISBN: 978-0-9843831-8-4
0-9843831-8-2

Todos los derechos reservados.
Bajo sanciones establecidas en las leyes,
queda prohibida la reproducción total o parcial de esta obra,
sin autorización escrita de los titulares del copyright,
por cualquier medio o procedimiento, así como
la reproducción
de ejemplares mediante alquiler o préstamo públicos.
Editado por: Lupita Orozco Alcalá

Diseño de Portada e Interiores:
IMAGENETICA
Federico Sánchez / Marco Carter
www.imagenetica.org

¿Qué Buscas?

Dedicatoria

Dedicado con un sentimiento muy especial a mi esposa y mejor amiga, Paula Iñiguez, que me ha sabido apoyar incondicionalmente durante tantos años con todas mis ideas. A mis tres hijos Frank Adam, Nicholas Evan, y Paola Celeste que me han dado tanto amor que puedo compartirlo con todo ser humano y hasta con nuestro perrito Bingo, que tanto amor nos ha compartido.

Agradecimientos

¿Qué Buscas? Ha sido un proyecto de años, que finalmente fue convertido en realidad gracias a muchos. Incluso, a todos aquellos que aún no he tenido el gusto de conocer, son mi inspiración. Fue mi deseo ardiente contribuir a todos aquellos que buscan mejorar sus vidas para crear un mundo de paz, un mundo de amor, un mundo de lectores, a su vez decidí alterar mi vida de tal manera que nunca podrá ser igual. Gracias a todos, gracias a ti por leer.

Extiendo mi gratitud especialmente a:

- Mi editora Lupita, su esposo Aurelio Alcalá y su hermosa familia que siempre tuvieron la Fe de que sí lo terminaría.

- Mi familia SEPA que siempre me han apoyado de diferentes maneras. Especialmente a las otras dos parejas y sus familias que aún continúan dando cada seminario con todo el corazón en la mano (Jesús, Rafaela, Jesús (hijo) y David Delgado (hijo). También a Francisco (Cachi), Juanita, Rod (hijo) y Frankie López (hijo).

- Todos aquellos que han contribuido a Master Mind y SEPA de cualquier manera y en cualquier momento porque permitieron que mi sueño de más de veinte años se convirtiera en realidad y continúe vivo y fuerte.

- Mi familia que me ha tenido tanta paciencia y que me apoyan en todo lo que hago. Especialmente a mi madre Benita que siempre tuvo el valor de buscar algo mejor para sus hijos. También, gracias a Don Jesse (en paz descanse) por todo el apoyo que le dio a mi madre y a todos sus hijos.

- Mi segunda familia que me tomó como uno de ellos. Especialmente a Don Manuel (en paz descanse) y Doña Paula López que me tomaron como un hijo más y me apoyaron en todo, gracias, gracias, y eternamente gracias. Con gratitud extendida a Ana R. Acosta por todo el apoyo que me ha contribuido, siempre con mucha paciencia y amor, en los seminarios que imparto.

- Todos los maestros que contribuyen en crear un mundo mejor, un mundo de lectores y seres pensantes.

- Todos los líderes pensantes que instruyen sin forzar sus conocimientos en los demás, y que permiten espacio y tiempo para que el individuo procese según su entendimiento.

- Todas las Alianzas de Mentes Maestras por contribuir a mi crecimiento. Especialmente a la primera que creyó en mí. Con un reconocimiento especial a mis sobrinos Félix Iñiguez y Ricardo Zendejas que fueron la inspiración de tal creación.

- Todos los niños del planeta que nos enseñan que es bonito soñar sin límites.

- La compañía Imagenetica que hizo un gran trabajo con el diseño del libro especialmente a Federico Sánchez y Marco Carter por su profesionalismo. También, a la psicóloga Patricia González por su opinión en la portada y retroalimentación del libro.

- A los Fantastic Four (Félix Iñiguez, Aurelio Alcalá, Elías Ernesto Acosta, Carlos Macedo) y Jennifer Rodríguez por el diseño del logo de Alianza de Mentes Maestras (Master Mind). Especialmente a Carlos Macedo por haber iniciado la creación del logo y no aflojar hasta el final.

- A la maestra Cheryl Chang y su familia por haber compartido sus bendiciones conmigo hace tantos años con la única idea de que mi vida mejorara. Que Dios los bendiga en todo lo que hacen y desean hacer.

- Rudy Rodriguez y Hector López por su apoyo y amistad incondicionalmente.

Contenido

Introducción 11

El Señor Gruñón y cómo nos priva de tantas cosas 19

Todo tiene un principio y todo tiene un fin 35

Plan, acción, actitud, y creer con mucha fe
son los ingredientes para lograr nuestros sueños 43

De barrendero, a cocinero,
a dueño del restaurante y más 47

Excusas o Resultados 53

El Gran Genio 57

Todo tiene un precio 67

La Estrella del Norte
y la gran señora Harriet Tubman 73

Todo empieza con una idea, con un sueño 81

Mi hijo Nicolás y su gran fe que le ayuda
a combatir sus ataques de ansiedad 85

La importancia de la lectura 89

¿Qué Buscas?

"A donde te enfocas te vas, así que, si te enfocas
en los problemas, a que la vida es difícil, a que algo tiene
que estar mal, allí es a donde te vas a dirigir.
Pero, si tu enfoque se va a que tiene que haber una solución,
a que la vida es divertida, a que algún provecho
tiene que haber, allí es a donde te vas a dirigir.
Tu enfoque lo decides tú."

Frank Iñiguez
(El Embajador de la Lectura)

Introducción

Todos en el mundo buscamos algo: dinero, amor, aceptación, sabiduría. Y como muchas veces se ha dicho que "El que busca encuentra", quizás, si puedes hacer el esfuerzo de empezar a leer y terminar este pequeño libro, tú también puedas encontrar ese algo que ayudará a cambiar tu vida para que ésta sea más productiva y feliz.

Para comenzar quiero que sepas que hay varias razones por las cuales decidí escribir este libro, pero la más importante fue porque entendí que no es necesario llegar a la cima en todo aspecto de la vida para después poder contribuir al prójimo. El día que lo descubrí fue uno de los más emocionantes para mí y empecé a buscar la manera de compartir la poca o mucha sabiduría que me ha ayudado a lograr mis metas y que continúa ayudándome a seguir progresando día con día.

Quiero que sepas que por el simple hecho de tener este pequeño libro en tus manos y haber leído estas primeras líneas, eres una persona especial que busca y tiene ganas de encontrar ese algo para lograr más de lo que ya has logrado.

Espero puedas vencer la flojera y al Señor Gruñón –a quien te presentaré más adelante– para poder obligar a tu mente a continuar leyendo hasta el final. Antes de entrar a los diferentes temas que escribí especialmente para ti, permíteme hablar un poco de mí.

Mi nombre es Frank Iñiguez y estoy casado con Paula P. Iñiguez. Tenemos dos hermosos hijos: Adam, Nicolás, y una preciosa hija, Paola. Soy uno de nueve hermanos: cinco hombres (Rogelio, Martín, Raúl y Jesse) y cuatro mujeres (Esther, Elia, Felisa y Gloria). Estoy seguro que para contarte sobre ellos tendría que escribir uno o dos libros por cada uno, así que mejor nos quedamos en el tema.

Nací en Autlán de la Grana, Jalisco, México. Cuando tenía 2 años, desgraciadamente, murió mi padre –quien se llamaba Félix Iñiguez Arreola–, por lo que mi mamá, Benita Ramírez, tomó la decisión de cruzar a Estados Unidos buscando un futuro mejor para nosotros.

Cinco años después que mi mamá se había ido, decidió regresar para llevarnos a vivir con ella a Estados Unidos. Al llegar a este país, como muchos, yo estaba asustado y confundido. Fui a la escuela y a temprana edad los maestros y el sistema educativo me inculcaron la terrible costumbre de las excusas, por el simple hecho de no hablar inglés. Me ponían a dibujar y a hacer rompecabezas en vez de enseñarme las materias adecuadas. Claro que hoy en día las cosas han cambiado, puesto que la educación pública ha mejorado mucho en todos los aspectos.

A raíz de lo anterior, me empezó a gustar la salida fácil, las excusas. Cuando menos pensé, ya había llegado a la preparatoria, pero sin poder leer muy bien y menos expresarme en forma escrita. En aquel momento de mi vida no pude terminar la preparatoria y me salí sin haberla concluido. Me sentía derrotado, sin rumbo, no sabía qué hacer ni adónde dirigirme. A pesar de eso, siempre me había gustado la escuela y bien recuerdo que en el tercer grado de primaria empecé a soñar con ser maestro. Te debo confesar que cuando decidí alejarme de la escuela me sentía triste, por lo que a fin de cuentas regresé a buscar vagamente y sin fe mi gran sueño de ser maestro, aunque con la diferencia de que ahora era en una escuela para adultos donde reprobaba más clases de las que tomaba.

A mi Señor Gruñón, de quien hablaremos en un momento más, le encantaba hacer acto de presencia en mi mente con miles de excusas, lo que poco a poco me iba condenando al fracaso y como ya estaba acostumbrado a las excusas, pues se me hacía fácil aceptarlas. El proceso de seguir y buscar aquel vago sueño fue largo, al punto que no quería pagar el precio de continuar, y digo pagar el precio porque así es en esta vida: todo tiene un precio. Yo trataba de huir de la responsabilidad de cualquier manera y llegué al punto de dejar California con el fin de "escapar". Me fui a Texas tratando de evadir el precio que había que pagar por estudiar; quería algo por nada, quería graduarme por un milagro.

Aunque trataba de evitar mis responsabilidades, inconscientemente seguía buscando algo. En esa búsqueda encontré a Héctor López, mi mejor amigo en ese entonces, quien vivía con sus padres en Texas donde residí por algún tiempo. La mamá de Héctor era una señora que no aceptaba las excusas de mi Señor Gruñón. Como te dije al principio, el que busca encuentra, aunque quizás lo hice inconscientemente –que es lo más probable–, pero ya me había dado a la tarea de encontrar alguna clase de apoyo y lo había encontrado. La mamá de mi amigo se aseguraba de que su hijo Héctor y yo no nos distrajéramos de nuestras actividades escolares por ir a alguna fiesta o baile, entre otras cosas. Eso no quiere decir que fuese malo ir a algún baile, sino que ella siempre se enfocaba en que fuéramos responsables y cumpliéramos con nuestros estudios.

Acortando un poco la historia, te diré que gracias al apoyo que me brindó esa familia y a mi búsqueda "inconsciente" pude dar el primer paso para lograr mi sueño de ser maestro; ese primer paso se llevó a cabo con mi graduación de la preparatoria. Al terminar aquella etapa de mi vida, mi papá de crianza, Jesús Hernández, sufrió un ataque al corazón y en ese momento decidí regresar a California para así poder apoyar a mi familia. El ataque no fue fatal, pero sí hubo ajustes en nuestras vidas.

Estando ya en California empecé a asistir al Colegio del Este de Los Ángeles para continuar en el camino de ser maestro. No se me hacía fácil la escuela pues en ese tiempo yo trabajaba y estudiaba "a medias"; la verdad no me gustaba leer ni escribir. Esto me llevó a reprobar cursos repetidamente, lo que a veces me obligó a salirme de las clases antes de perder por completo el dinero que había pagado al iniciar el semestre. El caso fue que mi comportamiento en el colegio fue pésimo, a tal punto que un día recibí una carta de parte del Director Académico, en la que me especificaba que tenía que asistir a una reunión antes de poder registrarme al semestre siguiente. Hice la cita y fui a platicar con el Director Académico. Cuando llegué a su oficina vi a un hombre alto, barbón y pasado de peso que me explicó que yo iba tan mal en mis clases que él podría salir a la calle en ese instante, tomar a la primera persona que pasara y ese individuo podría hacer las cosas mejor que yo. Sabía que lo que me decía en ese momento era cierto, pero lo que él no sabía era que mi modo de pensar estaba en un proceso de cambio, gracias a un seminario de superación personal al que había asistido, porque en mi búsqueda de superación también tuve la fortuna de encontrar a la maestra Cheryl Chang. Ella fue una de las muchas personas que estaba contestando mi llamado en la búsqueda para lograr mi sueño. Me invitó a un seminario de superación llamado PSI (Personas con Sinergia Interactuando) y no sólo me invitó sino que decidió pagar el costo ($350.00), dándome un plazo de 20 años para pagarle.

En ese seminario descubrí muchas cosas, pero la más importante de todas fue que mi sueño de ser maestro sí podría realizarse. Al término de los cuatro días- duración del seminario-, decidí que no iba a dejar que nada se interpusiera para lograr mi sueño. Ese día también decidí que cuando lograra mi sueño, buscaría la forma de contribuir al prójimo, y que mi énfasis estaría en la comunidad hispana. Quizás me tardé un poco, pero nunca dejé que esta decisión se me olvidara, y aquí me tienes, haciendo lo posible por pasar la voz a todo aquel que busca cumplir su propio sueño. ¡Felicidades! Espero que en este pequeño libro puedas encontrar algo que te sirva para mejorar tu vida y, en consecuencia, te coloque en la dirección que buscas porque, lo creas o no, todo ser humano que habita este planeta siempre está buscando algo todos los días. La pregunta entonces es: ¿Qué Buscas?

Bueno, después de este paréntesis y ya decidido a quedarme en el colegio y lograr mi meta de ser maestro, le pedí una oportunidad más al Director Académico. Después de un largo silencio, quizás un minuto, abrió la boca para decirme que me iba a otorgar esa oportunidad, pero con una condición: que si me salía de clases para que me regresaran el dinero, si me salía antes de que me reprobaran, o si me reprobaban, no sólo me iba a expulsar del Colegio del Este de Los Ángeles, sino que me iba a correr de todo el distrito. Estuve de acuerdo con él y fui a la oficina de los consejeros para que uno de ellos me hiciera un **plan** de estudios para poder lograr mi meta, que era graduarme en los siguientes dos años, por lo que tomé **acción** al instante. Me puse a pensar que si no iba a tener otra oportunidad para lograr mi sueño, necesitaba resultados y no más excusas. Puse atención en los estudiantes que eran aplicados, me fijé en lo que hacían y empecé a hacer lo mismo. Luego comencé a analizar que los estudiantes aplicados no eran nada diferentes a mí, que la única diferencia eran las acciones que ellos tomaban y las que yo tomaba. Ellos hacían su tarea sin posponerla, pero yo esperaba hasta el último momento.

Lo mismo sucedía con los exámenes: yo todo lo dejaba para el final. Empecé a fijarme en que mis compañeros le daban prioridad al estudio. Yo, sin embargo, lo tomaba como algo secundario.

Cuando decidí aplicarme y pagar el precio para salir adelante, todo empezó a cambiar y los resultados fueron diferentes. Ya no necesitaba dar más explicaciones de mis fracasos, porque cuando hay buenos resultados no hay necesidad de explicaciones: ¡los resultados hablan por sí mismos! Bueno, al menos si quieres compartirlos y tienes las ganas de motivar a alguien más, como lo estoy haciendo aquí contigo.

Todo lo empecé a lograr con una **buena actitud**. A veces mi Señor Gruñón me daba miles de excusas y trataba de sacarme del plan que me había trazado, pero siempre mi buena actitud y el fuerte deseo de lograr mi meta, me ayudaron a continuar y seguir con el proceso para poder lograr mi sueño más grande: graduarme del colegio para después ir a la universidad y titularme de maestro

La razón por la cual logré la meta de titularme como maestro fue porque no tuve ninguna duda de que lo podía lograr. El creer en mí y en mi sueño con claridad, además de hacer un plan, tomar acción con una buena actitud y **creer** con mucha fe, fue importante porque, una vez que lo logré, el Señor Gruñón ya no me dominaba tan fácilmente. Las batallas entre él y yo no han terminado ni terminarán; sin embargo, el control que hoy tengo sobre mí mismo es mucho más fuerte que antes y con un enfoque mejor establecido.

¿Qué Buscas?

*"Cuando tomas una acción
ya sea buena o mala,
nadie sabe y a nadie le importa
excepto a aquellos
que te conocen,
y además, te aman."*

Frank Iñiguez
(El Embajador de la Lectura)

El Señor Gruñón y cómo nos priva de lograr nuestros sueños

Ahora sí, déjame presentarte al Señor Gruñón de quien te hablé desde el principio. Este señor vive dentro de nuestra cabeza y la mayor parte del tiempo se entremete en nuestras ideas y no nos permite lograr o seguir nuestros sueños. Es la voz interna, la que te dice palabras tales como: "Para qué tanto esfuerzo, mejor empieza mañana" (ese mañana nunca llega), "Soy muy joven, soy muy viejo, no hablo el idioma, soy hombre, soy mujer, no sé hacer nada, soy flaca, soy gorda, así nací, así soy, no puedo cambiar", y un sinfín de excusas más. En realidad tú eres el que tiene que decidir si quieres y puedes hacer lo que deseas: cambiar, aprender, adelgazar, enriquecerte, viajar o cualquier otra cosa que decidas. Tú y nadie más que tú tiene el derecho de tomar la decisión.

Te contaré cómo fue que descubrí al Señor Gruñón. Todo empezó cuando ya era maestro y di mi primera clase, una clase de primer grado. Recuerdo que, aparentemente, la mayoría de los niños estaban contentos y gozando de la clase, excepto uno de ellos. Me puse a pensar en algunas de las razones por las cuales ese niño no estaba contento. Diferentes cosas pasaron por mi mente y, de repente, me pregunté cómo podría ayudarlo. Llegué a la conclusión de que tenía que hablarle y explicarle que yo lo quería mucho y que sabía que él también me quería mucho. Le expliqué que el problema no era él ni yo sino el Señor Gruñón que no quería que él aprendiera, se divirtiera o le gustara la clase. Le expliqué lo de la voz interna, la forma negativa en que se expresa y que siempre está de metiche. Después de esa pequeña conversación el niño empezó a cambiar su manera de pensar, comenzó a participar y a mostrar entusiasmo en la clase. Me llamó mucho la atención que a su corta edad pudiera entender lo del Señor Gruñón, la voz interna, esa voz que atrae pereza y que sólo emana ideas sin beneficios. Fue en ese momento cuando descubrí que al haberle dado nombre a la voz interna, el niño pudo visualizar a su enemigo y así, de esa manera, pudo hacer su plan de ataque. Al ver los resultados, decidí continuar usando al Señor Gruñón para lograr que los otros niños no se dejaran vencer por él. De ahí en adelante si algún niño o niña llegaba sin su tarea o no se comportaba bien, yo les mencionaba la historia del Señor Gruñón y, como por obra de magia, había ajustes positivos en ellos. También les expliqué que al Señor Gruñón no se le puede destruir, puesto que vive dentro de cada uno de nosotros.

Lo que suele suceder es que, con el desarrollo de la disciplina, él se hace más pequeño. Eso sí, siempre está listo para ver si bajas la guardia y entonces volver a crecer. En algunos casos puede crecer tanto que el control de la persona se vuelve muy débil. Recuerda, entre más disciplina tengas, más control tendrás sobre tu Señor Gruñón.

Volviendo a mi experiencia en la escuela, los resultados me agradaron mucho porque el apodo se convirtió en la herramienta que los niños podían usar para defenderse. Una y otra vez los pequeños demostraban –con resultados estupendos– que ya no se dejaban controlar tan fácilmente por el Señor Gruñón y no permitían que les buscara excusas. Los resultados en los niños empezaron a ser muy notables, tanto en su asistencia a la clase como en su entusiasmo y participación.

También descubrí que el Señor Gruñón existe en todos nosotros, niños, jóvenes, adultos y ancianos; la única diferencia es que los niños no tienen problema en aceptar que el Señor Gruñón es la voz interna que les habla para molestarlos y atrasarlos. En cambio, los adultos sí tienen ese problema porque piensan que esa voz interna es una tontería o algo meramente infantil y justo esta mentalidad es la que los encamina a un hoyo tan profundo que los priva de alcanzar sus sueños. Hay algo importante que también me gustaría que supieras: las personas que tienen autodisciplina son las que tienen más control sobre el Señor Gruñón y son las que en estos momentos están gozando de la vida; por el contrario, te aseguro que las personas que no tienen control sobre el Señor Gruñón, en este momento están pagando las consecuencias. Vamos a citar el ejemplo de una persona a la que le gusta tomar alcohol. Claro que no estoy hablando de la persona que bebe socialmente o sólo en ocasiones. Estoy hablando de la persona que toma alcohol durante la semana o fin de semana, por cualquier razón o por ninguna razón. Se puede decir que esta persona no tiene control y que el Señor Gruñón es el que tiene poder sobre ese individuo. Si esta persona continúa con ese mal hábito, el resultado será negativo, principalmente en su salud, pero también en su trabajo y con su familia.

Quizá te estés preguntando: "¿Qué puede hacer esta persona?". Pues tiene que buscar la manera de controlar al Señor Gruñón. Tal vez no podrá abstenerse de tomar alcohol de inmediato, pero si día a día se propone encontrar una manera de vencer ese hábito que le está dañando, tendrá un mayor control y entonces empezará a tomar decisiones según las cuales su vida empezará a cambiar poco a poco. Así, pasito a pasito y quizás muy despacito, el control será más fuerte y lo llevará hacia la dirección deseada. Después de un tiempo, si este individuo continúa tomando decisiones que le beneficien, sin duda alguna logrará controlar a su Señor Gruñón y, por lo tanto, su vida.

Como puedes imaginar, el Señor Gruñón vive en cada uno de nosotros para detenernos y estropear nuestros sueños, o tal vez para probar si en realidad deseamos aquello al punto de no dejarnos vencer ni por él ni por nadie. ¿Sabes?, un día decidí que empezaría a aplicar lo del Señor Gruñón en mi persona. Me pregunté si yo era uno de esos individuos que pueden controlar al Señor Gruñón y rápidamente me contesté: "Frank, es obvio que tienes control sobre tu Señor Gruñón porque de lo contrario no estarías logrando tus sueños".

Al instante me hice otra pregunta: "¿Cómo sé que tengo control sobre mi Señor Gruñón?, pero la respuesta no fue muy clara. Decidí que haría lo mismo que les aconsejé a los niños. Empecé a proponerme metas que, aunque parecían sencillas, requerían de auto-disciplina. Por ejemplo, decidí hacer lagartijas (un tipo de ejercicio) todos los días incluyendo los fines de semana, por todo un mes. No fue nada fácil. Al principio las batallas entre el Señor Gruñón –la voz interna– y yo fueron constantes y severas. Algunas de las frases que siempre trataban de apoderarse de mi mente eran: "Para qué lo hago, al cabo nadie lo sabe", "Qué ganas con esto", y un sinfín de frases más que estoy seguro tú vives a diario. Algo que descubrí fue que para controlar esta voz interna es necesario aceptar que existe.

Espero que no seas una de esas personas que dice no creer en tal voz. Desgraciadamente, esto no se puede comprobar al instante, ya que no es como la ley de gravedad en la que compruebas inmediatamente que si avientas algo tiene que caer. En mi caso, con respecto a las lagartijas, las batallas entre mi Señor Gruñón y yo eran constantes, pero menos severas que al principio. Finalmente llegó el día en que mi disciplina física demostró ser más fuerte que el Señor Gruñón, así que decidí continuar por un año más haciendo mis ejercicios y, por supuesto, poniendo principio y fin a mi meta (en el siguiente capítulo este concepto de principio y fin te quedará más claro).

La mayor parte del año no tuve problemas para realizar mis lagartijas, pero sí existieron varias ocasiones en las que estaba cansado porque había trabajado bastantes horas extras y, la verdad, no tenía ganas de hacer nada, solamente llegar a mi casa, dormir y descansar. En esos momentos era cuando el Señor Gruñón quería tomar ventaja, dándome miles de excusas para que dejara de hacer mis lagartijas. La voz interna me decía: "Frank, estás cansado, no tienes que cumplir; al fin y al cabo nadie lo sabe y nadie se dará cuenta". Fue allí donde descubrí que es fácil dar excusas para no lograr nuestras metas o deseos. La meta de hacer lagartijas es, aparentemente, muy simple, pero en verdad te digo que gracias a esa disciplina que me ayudó a desarrollar otras disciplinas, ahora vivo en plenitud y nada ni nadie me priva de lograr mis sueños.

¿Qué tal si en este momento decides y empiezas a hacer lagartijas todos los días por un mes a ver qué descubres sobre tu palabra, sobre tu auto disciplina? ¿Qué tal estás en disciplina? A las mujeres les recomiendo, ponerse de pie y doblar las manos al nivel de los hombros, tocar rodilla con codo opuesto y repetir el ejercicio las veces deseadas. Te sugiero que determines la cantidad de veces que harás el ejercicio y también te recomiendo que no escojas un número elevado, ya que esto debe ser tan fácil y con un esfuerzo mínimo para que puedas hacerlo todos los días sin lastimarte.

Si decides tomar el reto hazlo todos los días incluyendo los fines de semana. Quizá te puedas dar cuenta que la palabra "disciplina" tiene más significado de lo que la mayor parte de los individuos se imagina. Si decides que vas a tomar el reto, te recomiendo que pongas la fecha de inicio y la fecha en que finalizarás. También te sugiero que sea en un lapso de, no menos de 21 días, para así poder saber y medir si cumpliste o no. Al finalizar el tiempo acordado puedes volver a negociar las fechas y de la misma manera, continuar durante el tiempo que quieras.

Al repetir un acto por más de tres semanas consecutivas se convierte en un hábito y los hábitos se convierten en una manera de vivir para el ser humano. Tú mismo creas los hábitos buenos o malos y luego vives en base a ellos; sería muy inteligente crear hábitos que te van a beneficiar.

También quiero compartir contigo que terminar una meta, por simple que parezca -como podría ser leer este pequeño libro-, cambia tu vida por completo si la realizas con disciplina y continuidad. Esto irá creando un hábito en ti mismo que con el paso del tiempo cambiará tu vida en el aspecto físico, mental, espiritual y social.

Todo individuo tiene el poder de formarse cualquier clase de hábito, ya sea bueno o malo, para bien o para mal, para echar a perder su vida o para mejorarla; recuérdalo siempre. Respecto a este punto, he leído en algunos libros de superación personal y psicología, que primero la persona decide y forma cualquier hábito, pero después el hábito controla y forma a la persona. Piénsalo, es importante saber qué hábitos estás formando. En mi opinión, la lectura es uno de los mejores hábitos que uno mismo se puede formar, puesto que toda la sabiduría del ser humano se concentra en los libros, ¡TODA! Cuando pude controlar al Señor Gruñón en el aspecto físico, decidí comprobar mi control una vez más, pero ahora en mi desarrollo mental y decidí leer todos los días, absolutamente todos los días, un mínimo de cuatro páginas de un libro de finanzas o superación personal, hasta terminarlo.

Así que poco a poquito y quizás muy despacito empecé a formarme el hábito de la lectura, las recompensas han sido magníficas. El hábito de leer me ha llevado a descubrir cómo vivir mejor y cómo ser más agradecido por todo lo que tengo. La lectura es un regalo muy valioso que te puedes dar, con recompensas sin límite. Además, puede ser una gran herencia para toda tu descendencia. ¡Piénsalo!

Si recuerdas, al principio de este libro te mencioné que no sabía leer muy bien, pero en el momento en que decidí leer todos los días, también comencé a decirme y decirle a todos que me encantaba leer y así empezó mi amor por la lectura. Es más, te puedo decir que fingí que me gustaba la lectura hasta que conseguí convencer a mi Señor Gruñón de que la lectura no simplemente me gustaba, sino que me encantaba y realmente me encanta y me sigue encantando. Me he convertido en un lector de por vida.

Si te encuentras en la misma situación que yo y no te gusta leer, te sugiero pruebes la siguiente estrategia. Menciónate una y otra vez: "Me encanta leer, me encanta leer, me encanta leer, me encanta leer" y deja que tu Señor Gruñón diga lo que sea; verás que poco a poquito y quizás muy despacito tendrás todo el control sobre él. Inténtalo de a poco a poquito y cuando quieras tomar el reto de decirle a otra persona que te gusta la lectura, llegarás a un punto en que lo vas a creer y de verdad te gustará leer.

La lectura es el alimento para nuestro cerebro que le ayuda con más facilidad a procesar las decisiones que tomamos en la vida. Déjame hablarte de un estudio que se realizó en Estados Unidos con personas que se habían graduado de la preparatoria. Se descubrió que el 58% de estos estudiantes no vuelve a leer ningún libro después de graduarse. Lo que quiere decir que si lees este libro hasta el final, estás por encima de ese 58%. En este estudio obviamente no se integró a personas que no concluyeron la preparatoria y a personas que no saben leer. ¡Imagínate el porcentaje de las personas que no leen! Espero que encuentres el valor de ser parte de todos los que ya decidimos ser un ejemplo para otros, respecto al hábito de la lectura. Quizás el cambio sea lento, pero te aseguro que se convertirá en una ola que hará historia en nuestra comunidad hispana y producirá un beneficioso efecto en nuestra raza, la raza humana.

Después de este paréntesis y regresando a mi disciplina, las batallas con mi Señor Gruñón fueron incansables y fuertes, pero esta vez demostré tener más control sobre él, ya que después me propuse leer todos los días durante un año. Hoy, después de 10 años, aún continúo leyendo y haciendo mis lagartijas todos los días, y me he comprometido, conmigo mismo, a continuar con estos hábitos hasta que muera. Como les decía a mis niños de primaria: lo único que se necesita es preguntarse y saber ¿Qué Buscas? y te aseguro que lo vas a encontrar. Claro, con la etiqueta que te indicará cuánto o cómo hay que pagar.

Algo que quiero hacer notar es que, así como existe tu voz interna que te priva de lograr tus metas, también hay otras voces que son las de todos aquellos que van a tratar de apagar tus sueños, y pueden ser las de tus hermanos, primos, papás, amigos, entre otros. Al respecto me gustaría decirte que esos seres queridos –si es que lo son para ti– pueden tratar de impedir que logres tus sueños, y lo hacen, no precisamente porque sean malos, sino por el Señor Gruñón que todavía no han descubierto dentro de ellos. Ahora depende de ti hacer la diferencia y ayudarlos, ya sea regalándoles este libro o recomendándoles algún seminario de superación personal como bien podría ser Seminarios Éxito Personal Ahora (SEPA). *www.seminariosepa.org* Es el Seminario al que yo asistí en inglés, pero impartido en español. Tu servidor y un grupo de compañeros nos decidimos a crear este Seminario para el beneficio de nuestra comunidad hispana, y toda nuestra raza, la raza humana.

Te recomiendo que tengas cuidado, porque muchas veces nuestros seres queridos entregan el mensaje de su Señor Gruñón. Como te decía, no lo hacen con intención de hacerte daño, pero a menudo sus temores, debilidades, flojera o inseguridad, les hace pensar de una manera negativa. Como podrás comprender, no es que estas personas deseen que fracases, pero como generalmente no tienen control del Señor Gruñón, se dejan llevar por su propio miedo o inseguridad que posteriormente te pueden transmitir. Te aconsejo que les recomiendes este libro a todos tus conocidos para que así puedan formar un equipo contra los gruñones bomberos que les encanta apagar nuestros sueños. Empieza a rodearte de personas que te apoyen y crean tanto en el progreso y desarrollo propio como en el de su comunidad, personas que expanden su conocimiento a base de la lectura o de algún otro vehículo que les ha ayudado positivamente a transformar su vida. Como dice uno de los grandes dichos: "Dime con quien andas y te diré quien eres". Si te juntas con personas que quieren progresar, tienes más oportunidad de hacerlo, pero si te juntas con personas indiferentes o pesimistas que no les interesa progresar, posiblemente vas a obtener eso.

Te sugiero que tengas fe en ti y que te dejes llevar por aquella vocecita, como cuando eras niño, ¿te acuerdas?, que te hablaba y te inspiraba para soñar sin miedo, con seguridad, pensando que todo lo podías lograr. Te lo digo porque yo me he dejado llevar por esa voz y le tengo fe. Es aquella vocecita que te apoya y que sabe que sí puedes lograr todo lo que deseas. Es una lástima que con el paso de los años el Señor Gruñón le baje el volumen a esa vocecita y así puede estropear tus sueños a base de una infinidad de excusas.

Mi recomendación es: que te permitas escuchar esa vocecita que está para servirte y apoyarte en todo lo que deseas. Desde hace años, yo decidí volver a escuchar mi voz de niño y los resultados han sido fantásticos y mucho mejores después del apoyo que decidí crear, rodeándome de personas con ganas de avanzar y crecer.

Hay días en que pienso en todo lo que he logrado y algunas veces hasta me pellizco porque creo que todo es un sueño. He alcanzado mucho y continúo logrando más, día con día. Así como yo lo he logrado, estoy seguro que si tú sigues buscando y tomando acción, también lo vas a lograr, sin lugar a duda.

Permíteme contribuir con mis conocimientos para apoyarte a lograr tus sueños y no dejes que nada ni nadie perturbe tus deseos y tus metas. Haz tu plan, toma acción, mantén una buena actitud y cree en ti mismo con mucha fe en que vas a obtener un buen resultado.

Una buena manera de saber si todo va bien es midiendo el punto en donde estás, es decir, tu punto de partida. Date cuenta hacia donde te diriges y mide tus pasos: si éstos marcan la distancia más corta hacia tu meta quiere decir que vas por buen camino; si tus pasos marcan lo opuesto, debes hacer los ajustes apropiados hasta lograr enderezar la marcha. Así puedes continuar analizando y ajustando tus pasos hasta lograr la meta deseada. Créeme, si este servidor tuyo, que según las estadísticas sería un fracasado, logró y sigue logrando sus sueños, tú también puedes hacerlo. Busca con fe y siempre toma acción. Hazle caso a tu vocecita interna como cuando eras niño, a esa voz positiva, inteligente, que te apoya para conseguir todo lo que quieras, a la que te permite soñar sin límites.

Hay algo más que quiero compartir contigo. ¿Recuerdas que al inicio del libro te comenté que fui a un seminario de superación personal? Pues déjame decirte que nunca me imaginé que ahí iba a encontrar el ingrediente necesario para lograr mi sueño de ser maestro que, por cierto, parecía imposible. Pero como puedes ver, lo encontré y mi sueño de ser maestro se convirtió en realidad. Aunque mis pasos eran casi insignificantes, iban hacia el camino que yo buscaba y pasito a pasito y quizás muy despacito, logré llegar. También tú puedes hacer lo mismo, ir paso a pasito hacia lo que quieres lograr. Y así mantenerte firme hasta que lo alcances.

Te puedo decir que mis pasitos eran tan pequeños que la mayoría de las personas que me conocían dudaban que me fuera a titular, pero finalmente lo obtuve y así comprobé personalmente que, aunque sea lentamente, todo se puede lograr siempre y cuando se tome acción al respecto.

Hoy en día la mayoría de los individuos quieren ver los resultados de inmediato; muchos piensan que los resultados se tienen que ver al instante y aunque esto puede suceder, no siempre es así. Entonces deciden abandonar sus planes y se olvidan de todas las "pequeñas decisiones" que en el momento parecieran insignificantes, pero que al paso del tiempo se acumulan y logran entregar el gran premio. El problema es que algunas personas están acostumbradas a recibir todo al instante. Sopa instantánea, comida rápida, películas que entregan el gran resultado en dos horas. ¡Qué lástima que vivan una fantasía! De esta misma manera piensan que todo se hace así de fácil, olvidando que las pequeñas decisiones que se toman o no se toman a diario, y que parecen insignificantes, son las que finalmente pueden entregar el sueño deseado, el gran premio, o también pueden entregar una gran desilusión.

Déjame decirte que ni la Madre Naturaleza actúa tan rápido. Ella también se toma su tiempo. Cuando recién llegué a Estados Unidos, en la escuela secundaria nos impartían una clase de agricultura en la que no sólo nos enseñaban a plantar las semillas, sino también a cuidarlas todos los días. Recuerdo que aprendíamos a ponerles agua y a quitarles las hierbas que entorpecían su crecimiento. Después de todos esos cuidados y transcurridos unos cuantos meses, la Madre Naturaleza nos recompensaba con una multitud de semillas para volver a plantar, además de los frutos que podíamos comer.

Esta experiencia en la escuela ahora me sirve para ilustrar otro punto. La mente es como la tierra fértil donde se planta cualquier semilla. Si le damos cuidado diario y no permitimos que se rodee de hierbas, es decir, de mentes negativas, ¿te imaginas cuánto fruto nos puede dar? Te sugiero que seas precavido y selectivo al escoger con quién quieres compartir tu tiempo, porque puede ser que estés rodeado de hierbas que estropeen tu crecimiento.

Volviendo al punto sobre la instantaneidad a la que muchas personas están acostumbradas, imagínate a los individuos que deciden perder peso. Al principio el ejercicio y el ajuste de alimentos parece que de nada sirven y aquí es donde la mayoría de las personas se deja vencer por el Señor Gruñón. Transcurrido cierto tiempo los pocos individuos que, en realidad, se comprometen a hacer el gran cambio, logran perder, quizás, unos cuantos gramos. Como esto no es lo que ellos se imaginaron, muchos desisten y se dejan convencer por el Señor Gruñón volviendo a sus vidas anteriores, porque piensan que su esfuerzo de nada les sirvió. Se les olvida que ni siquiera la naturaleza es instantánea y que para que dé resultados formidables, es necesario esperar y darle cuidados a esa semillita, con el fin de que realice su desarrollo natural.

Ahora veamos: ¿qué pasa con aquellos que deciden continuar con el plan, aunque sea poco a poquito? Ellos siguen enfocados y poco después esos gramos que perdieron se convierten en kilos y los resultados empiezan a ser mucho más notorios. Poco a poquito y quizás muy despacito los individuos que no se dejaron vencer por su Señor Gruñón empiezan a notar que el esfuerzo, sí les está funcionando, hasta lograr el peso deseado. A partir de ese día estas personas que decidieron continuar para obtener su peso ideal tendrán que seguir con la disciplina y pondrán una mejor atención a las "pequeñas" decisiones que tomen a diario, tales como: "¿Me comeré cuatro tortillas u ocho?". "¿Me comeré otro taco para probar ese platillo o lo dejo para otro día?". Sea cual sea la decisión, quizá no sea importante en ese momento porque simplemente fue una "pequeña" decisión, pero si este patrón continúa, después de muchas "pequeñas" decisiones el resultado pudiera ser desastroso. ¿No crees que sería astuto poner atención a las "pequeñas" decisiones que se toman a diario? Decisiones tales como: "¿Me pongo a ver televisión o me pongo a estudiar algo que me beneficie?". "¿Me duermo hasta el mediodía o me levanto a ver qué puedo lograr?". No es que yo esté en contra de la televisión o de descansar; simplemente mi intención es dirigirte a poner atención a las "pequeñas" decisiones que se toman a diario que parecieran ser "insignificantes". Por eso recuerda que, al transcurrir el tiempo las "pequeñas" decisiones van trazando los resultados de tu vida.

Hay individuos que se lamentan y se les escucha decir: "Imagínate si hubiera empezado hace x o z años atrás", pero que siguen sin hacer nada, perdiendo la oportunidad de decir: "Reconozco que cometí el error de no haber empezado hace x o z años atrás, pero me doy cuenta de que, si empiezo hoy, puedo lograr avanzar hacia mi dirección deseada y convertirme en un triunfador pasito a pasito y quizás muy despacito, y así si continúo en este camino, tengo que lograr lo que busco". Y como decían mis tías Concha y Meche: "No hay fecha que no se llegue, ni plazo que no se cumpla". Por supuesto que ellas hablaban del tiempo y de que nunca se detiene. Así como el tiempo no se detiene, lo único que debe hacer el individuo es organizar un plan y empezar a caminar en ese momento hacia esa dirección con una actitud positiva. Estoy seguro que ese individuo llegará, así como tú puedes llegar si decides invertir el tiempo en lo que quieres lograr.

Hay individuos que me han comentado que quieren ser doctores, pero que tardarían 20 años en conseguirlo, y yo les contesto: "Quizá te tardarás 20 años, pero lo lograrás, ¿verdad?", y dicen: "Sí, si tuviera el tiempo". La verdad es que todos tenemos tiempo para todo. La pregunta es en dónde queremos invertirlo o gastarlo, y cómo queremos distribuirlo.

Ahora, mi estimado lector, quiero tomarme este espacio para decirte que te felicito por continuar leyendo hasta aquí y también te felicito porque es obvio que no has permitido que el Señor Gruñón te controle con flojera o con alguna de sus famosas frases tales cómo: "Y esto de qué me sirve, mejor voy a hacer otra cosa", "No me gusta leer", "Estoy muy ocupado, mejor lo leo en otra ocasión", etc. En fin, espero que recuerdes que eres tú quien toma la decisión y forma sus propios hábitos. ¿Por qué no empezar a formar algo que te ayude por el resto de tu vida? Algo como leer aunque sea cuatro páginas por día, así como comencé yo. Imagínate que leer esas hojas diariamente fuese una alcancía a la que le depositas día tras día poquito, pero constante. Quieras o no se va acumular; entonces, ¿puedes imaginarte qué va a pasar cuando la alcancía comience a adquirir más y más conocimientos? Según los estudiosos, a base de la lectura se expande el conocimiento y entendimiento, y unidos éstos pueden ocasionar un crecimiento sin límite.

¿Qué Buscas?

*"La persona de terminación
es la que termina.
Determinación se necesita
para lograr
lo que uno desea.
Usa la determinación para
convertirte en una persona
de terminación y podrás
llegar a donde crees que
puedes llegar."*

Frank Iñiguez
(El Embajador de la Lectura)

Todo tiene un principio y todo tiene un fin

Como todo en esta vida siempre hay un principio y un fin, y en medio de este lapso está el proceso, es decir, el paseo. Hoy, quizá, has empezado a leer uno de los libros más importantes de tu vida. El contenido es el proceso. Las historias, los ejemplos y las motivaciones que aquí se plasman son el paseo que vas a tomar. Lo emocionante de esto son los descubrimientos que puedas hacer durante el paseo. Nadie, absolutamente nadie podrá darte su sabiduría: ni tu padre, ni tu madre, ni nadie. Tú la tienes que descubrir y decidir si algo te beneficia o no. Es posible obtener conocimientos, pero la sabiduría sólo si la deseas. Solamente tú puedes darte cuenta de si sabes o no sabes y qué es lo que quieres saber. Conocimiento es haber escuchado una presentación en algún tema. Sabiduría es aplicar lo que aprendiste porque sabes que te beneficia.

Espero que puedas llegar hasta el final de este libro, porque empezar y terminar cualquier acción es muy importante para el desarrollo de la disciplina mental. Saber cuándo comenzar y cuándo terminar algo es estratégico para mejorar en todos los aspectos de la vida. Durante este transcurso quizá puedas descubrir algo que te ponga en la dirección deseada, en la dirección de tu sueño, en la dirección que tú buscas.

Muchas personas empiezan algo con gran entusiasmo y al principio nada ni nadie puede detenerlas, pero al paso del tiempo, durante el proceso, hay quienes deciden abandonar aquella idea que empezaron con tanto entusiasmo, debido a alguna razón (seguramente el Señor Gruñón).

Te recomiendo que no te dejes vencer para que logres leer este pequeño libro hasta el final. Esto sería un gran logro pues tu vida, entonces, empezará a formarse a tu manera.

Quizás ya hayas podido notar que en esta vida todo tiene un principio y un fin: el fin de una noche, el fin de un nuevo día, el fin de una página leída, que es el principio de una nueva por leerse, el fin de un embarazo, que es el principio de una nueva vida. Podría continuar dándote cientos de ejemplos, pero creo que el punto ya está dado: todo ser humano tiene en mente la idea de un principio y también de un fin. El problema es que en muchas ocasiones hay personas que empiezan algo sin decirle a su cerebro que se tiene que terminar. Al transcurrir el tiempo, esto trae problemas porque el cerebro se enfada ya que no sabe cuándo es el final. Justo ahí ataca el Señor Gruñón y empieza a desencaminar al individuo de su meta una y otra vez. Esto se convierte en algo muy dañino pues en el transcurso de la vida se vuelve un hábito abandonar cualquier sueño o meta deseada y llega el momento en que ya no es importante si algo se termina o no. Te sugiero que termines lo que empiezas, por pequeño o grande que sea. Este hábito te traerá grandes recompensas.

Es importante proponerse metas con principio y fin reconociendo que sí se pueden alcanzar, ya que de lo contrario terminaremos por convencernos que la meta a lograr no tiene fin y no vale la pena, y entonces pensaremos que el Señor Gruñón quizá tenga razón. Esto le sucede una y otra vez a la mayoría de los seres humanos, creando así un hábito que sólo trae desventajas. Inconscientemente el ser humano empieza a programarse y piensa que no terminar algo es parte de la vida y, por lo tanto, es lo "normal". Y sin más, empieza a dar aprobación a sus fracasos porque de cualquier manera y en cualquier momento puede empezar otra cosa y no es importante si logra la meta o no. Al fin y al cabo "todos" hacen lo mismo. Te puedo asegurar que sólo hay un pequeño porcentaje de personas que no permite tal comportamiento y ¿sabes quiénes son? Nada más y nada menos que los que viven a plenitud, aquellos que están triunfando en todos los aspectos de su vida, aquellos que siguieron y siguen su plan, el plan que ellos mismos forjaron.

Hay algo que sería bueno entender: el proponerse metas con principio y fin es necesario para mejorar en la vida ya que, al programar el tiempo, nos lleva a trabajar más rápido y nos da una pauta para terminar y emprender un nuevo plan, lo que con el tiempo nos hará triunfadores.

Para ejemplificar este punto vamos a tomar de muestra otra vez a la persona que desea bajar de peso. Todo empieza muy bien, y mejor si se hace un plan, se toma acción, se empieza con buena actitud y se cree con mucha fe en sí mismo. El problema está en que la mayoría de los planes de dieta para bajar de peso no indican cuándo hay que dejarla. A mí me ha tocado ver personas a quienes les ha ido fantásticamente con la ayuda de suplementos o dietas. El problema es que después de bajar 20 o más libras, por citar un ejemplo, aún siguen con todo el esfuerzo del mundo, lo que después ocasiona fastidio o cansancio y lo que sucede es que esas personas terminan por rendirse. Lo peor de todo es que muchas veces regresan al mismo peso o peor tantito, suben. En este caso, lo que faltó fue especificar desde un principio el tiempo que duraría el plan alimenticio y cuántas libras se desean bajar para poder mantenerse en el peso deseado.

Recuerda, todo tiene un principio y todo tiene un fin.

Contrario a lo que acabas de leer, vamos a suponer que otra persona también decide bajar de peso, pero esta vez al tomar su decisión, su plan alimenticio incluye el tiempo que durará y cuántas libras desea bajar, y desde ese momento programa su cerebro para un fin. Este individuo se propone bajar 10 ó 20 libras y mantenerse en la dieta por tres meses. Al final de los tres meses el individuo examina los resultados y entonces decide si continuará por más tiempo o no. Una vez que terminen los tres meses se puede decir que este individuo ha triunfado y, por lo tanto, el cerebro lo marca como un logro. Cada vez que el cerebro logra algo lo guarda y lo utiliza cada vez que necesita de un ejemplo de que sí se puede triunfar. La clave es: ideas fijas con principio y fin, dándole la oportunidad al cerebro de triunfar una y otra vez y, por lo tanto, de registrar estos triunfos.

Ahora la pregunta es si este individuo, como los demás, también va a regresar a su peso anterior o se va a poner peor como en muchos de los casos. Me atrevo a decir que la respuesta no es ninguna de las dos opciones, porque esta persona decide cuidarse por tres meses más, toma las acciones apropiadas y está diariamente atento a las "pequeñas" decisiones, pues sabe que el resultado será positivo. Así consecuentemente el proceso se puede continuar, estando siempre atento con una báscula como referencia para no salirse del curso deseado y, por supuesto, haciendo contratos personales y cumpliéndolos, realizando diariamente los ajustes necesarios para llegar con resultados positivos a la fecha estipulada.

Te puedo asegurar que si este proceso se mantiene, el individuo puede seguir el resto de su vida en el peso deseado, simplemente renovando su compromiso cada cierto tiempo y haciendo los ajustes necesarios para mantenerse en el peso ideal. En lo personal me ha funcionado, ya que he podido mantenerme en mi peso por más de 10 años.

Principio y fin. Es muy importante recordarle al cerebro que todo tiene principio y fin, aunque él por naturaleza ya lo sabe. Si quieres te lo puedo comprobar, apostándote un paseo al lugar de tus sueños, todo pagado para toda tu familia y la familia de tu pareja, si estás casado. El único requisito es que sepas sumar. Si deseas apostar, lo único que tienes que hacer es NO CONTESTAR la siguiente pregunta; no la puedes contestar ni en papel, ni en palabras, ni en la mente. La pregunta es la siguiente: ¿cuánto es dos más dos? Aaaaay. ¡qué lástima que no pudiste detener a tu cerebro para no contestar! Pero no te preocupes, nadie que tenga uso de razón y sepa sumar puede controlar al cerebro para evitar contestar, porque el cerebro sabe la respuesta y tiene que llegar hasta el final. Imagínate, el cerebro tiene que saber la respuesta. Humm... Si es cierto que el cerebro tiene que saber la respuesta, pues entonces ¿por qué no hacerle preguntas y más preguntas en vez de decirle qué puede o no puede hacer?

Imagínate que le puedes preguntar al cerebro, es decir, al Gran Genio, cómo conseguir de manera apropiada más dinero, o cómo puedes aprender inglés o cualquier otro idioma, o cómo puedes tener una mejor relación con tu familia o, quizás, cómo puedes tomar esas vacaciones tan deseadas y merecidas. Imagina todo lo que puedes lograr al no tener barreras imaginarias, al no detener a tu cerebro, al Gran Genio, para que así encuentre las respuestas a las preguntas que tanto beneficio te pueden traer. Imagínate que tu cerebro tiene que traer la respuesta a como dé lugar. Recuerda que el cerebro siempre llega hasta el final y no descansará, ni aunque estés dormido, hasta encontrar la respuesta que te satisfaga según lo que deseas hacer. ¿Crees que valga la pena poner al Gran Genio a trabajar? A ver, en este momento hazle algunas preguntas a tu cerebro y no lo detengas hasta que encuentre las respuestas que van a ayudarte a avanzar en tu camino. Quizá le quieras preguntar cómo terminar de pagar tu casa o cómo estudiar la carrera de tus sueños o cómo lograr ese trabajo que te parece tan interesante. La verdad es que le puedes preguntar lo que quieras. Te sugiero que lo pongas a prueba a ver qué sucede. ¿Lo hiciste? ¿Le preguntaste algo? Espero que lo hayas hecho.

El cerebro siempre te tiene que contestar porque simplemente no tiene otra opción. Te aseguro que te va a traer una y otra y otra y otra respuesta hasta que te sientas satisfecho y sientas que con lo que te entregó vas a tomar alguna clase de acción, ya que tú tampoco tienes opción y tendrás que decidir, o quizás las respuestas te hagan pensar que no tienes que decidir y punto. Lo que sí te puedo asegurar es que no decidir también es una decisión.

Así que, como dijo un amigo: "Ahí tú".

¿Qué Buscas?

*"Todo toma más tiempo
de lo que te imaginas,
si tienes un deseo
o un sueño empieza hoy."*

Frank Iñiguez
(El Embajador de la Lectura)

Plan, acción, buena actitud y creer con mucha fe son los ingredientes para lograr nuestros sueños

Como sé que estás atento y ya detectaste las palabras claves que aquí plasmo desde el principio de este libro, permíteme explicarte cómo es que llegué a lograr mucho más que mi sueño de ser maestro.

Como recordarás, al principio escribí una frase que dice: "El que busca encuentra". Pues bien, en una de esas tantas búsquedas que he hecho a lo largo de mi vida, encontré a Sunshine, un señor afroamericano, que poseía mucha sabiduría. Él compartió su conocimiento conmigo, que por cierto, me ha servido de mucho. Me dijo que para lograr cualquier meta se necesita un plan, tomar acción, tener una buena actitud y creer con mucha fe. Así que tomé esas palabras muy a pecho y empecé a aplicarlas para ver qué resultado me daban. Ahora te puedo decir con seguridad que no fallan. Pero no tienes que creerme, pruébalo tú mismo para ver qué sucede. Creo que te va a gustar lo que descubrirás. Así como yo te recomiendo que pongas esto a prueba, cada vez que alguien te recomiende algo, ponlo a prueba: si te funciona, adóptalo, de lo contrario, deséchalo y continúa con lo que te sirve, sigue buscando.

Tienes que pensar en cómo poder lograr aquella meta. Mira, pensemos en un individuo que quiere construir una casa en el Estado de California. Este necesita un arquitecto que le ayude a plasmar su idea en papel. Después de un acuerdo, se hace un plan que se lleva a las autoridades correspondientes para que sea aprobado. Cuando todo está listo, hay que empezar el proyecto (acción), e interpretar lo que está escrito en dicho plan. Durante el proyecto, sin duda alguna van a haber cambios y hay que hacer ajustes según sea necesario. Recuerda la buena actitud. Al final se verá reflejada la idea del individuo: una casa hecha a su gusto (creer, con mucha fe).

Déjame decirte que así como esa persona planeó su idea para lograr un deseo, tú también lo puedes hacer. Escribir el plan, tomar acción, tener una buena actitud y creer con mucha fe en que todo va a salir bien es la clave del éxito. Si crees que por el momento no te sientes capaz de escribir tu propio plan, pues no te preocupes. Hoy en día hay planes que ya están escritos, planes como los de los colegios, universidades o multi-niveles en los cuales, si terminas ciertas clases y, obviamente, cubres algunas cuotas, te dan un título o un certificado que te permite ejercer tal carrera u oficio. Esto te dejará vivir la experiencia de cómo se traza un plan, se toma la acción con buena actitud, y se cree en el plan con mucha fe.

Después, si tú quieres, tienes la opción de seguir otro plan de algún instituto en cualquier otro ramo, pero, ojo, puedes diseñar tu propio plan en donde tú decides qué es lo que vas a lograr después de un cierto tiempo.

Aunque, es verdad, hay individuos que han logrado más que quienes tienen un título universitario y sin siquiera haber asistido a una escuela formal. Estas son personas que deciden aprender algo y aplicarlo obteniendo resultados magníficos. El problema que yo he detectado durante mi vida es que la mayoría de las personas se deja llevar por lo que la vida les presenta y no por lo que ellos quieren. Algunas de las frases famosas que se escuchan son: "Después veré cómo hago para conseguir lo que quiero". Lo triste es que el tiempo pasa y poco a poco, aquella idea o meta pasa a ser secundaria y muchas veces se echa al olvido... y el famoso "después" nunca llega.

    Muchos desean un sinfín de cosas, pero pocos logran lo que de verdad quieren. La mayor parte de la gente se deja guiar por circunstancias en vez de seguir sus deseos. Creo que ésta es una buena oportunidad para tratar de motivarte con una anécdota. La historia trata sobre el señor Abel Martínez. Abel estaba decidido a lograr sus sueños y nada ni nadie lo iba a detener. El Sr. Martínez buscó, tomó acción, encontró, y logro lo que buscaba. Él conquistó sus sueños y aún sigue conquistandolos.

*"No confundas pobreza
con humildad.
Hay pobres muy orgullosos
y soberbios y a la vez
hay ricos humildes y caritativos.
Ser humilde es poder escuchar
y mantenerse abierto
al aprendizaje,
ya seas pobre o rico."*

Frank Iñiguez
(El Embajador de la Lectura)

De barrendero a cocinero, a dueño del restaurante y más

Considero que la historia de Abel Martínez es un ejemplo a seguir y por eso quiero compartirla contigo.

Un día Abel decidió despedirse de su familia en México y emigrar hacia Estados Unidos en busca de un futuro mejor. Aquel día Abel salió de su casa con un cambio de ropa nueva, unos pesos en el bolsillo y se subió al autobús que lo llevó de Michoacán a Tijuana, la ciudad mexicana que hace frontera con Estados Unidos. Emocionado y decidido a encontrar una vida mejor, Abel no tardó en darse cuenta que cruzar ilegalmente a Estados Unidos no era tan fácil.

Pasaron los días y en un par de semanas Abel se vio sin dinero. Además, su apariencia física comenzó a deteriorarse hasta llegar al punto de parecer un pordiosero y, efectivamente, le hizo honor al nombre ya que para sobrevivir tuvo que mendingar y dormir debajo de carros abandonados y descompuestos para asegurarse que no lo atropellaran, cubriéndose del frío con cobijas, pero no de tela, sino de periódico.

Cuando Abel se acercaba a los "coyotes" (personas que cruzan gente sin documentos a EU), no le hacían caso puesto que sabían que no iban a ganar dinero con él. Un día, sin embargo, uno de esos tantos "coyotes" que hay en la frontera se compadeció de él y decidió cruzarlo con la condición de que al llegar le pagara. Al lograr lo que se proponían y llegar a Estados Unidos, el "coyote" se dio cuenta que Abel no contaba con absolutamente nadie que le pudiera ayudar, así que lo amenazó con deportarlo y regresarlo a México. A todo esto, Abel le contestó que hiciera lo que le dictara su conciencia, ya que él no le mintió y desde un principio le dijo que no contaba con nadie en Estados Unidos.

La esposa del "coyote" se compadeció de Abel y le pidió a su esposo que no lo regresara, sino que le diera la oportunidad de encontrar algo por su cuenta. Le pidió que llevara a Abel a alguna calle de Los Ángeles en donde, quizá, podría encontrar trabajo. Según Abel, este individuo aceptó después de varios días, no de muy buena gana, pero aceptó.

Sin rumbo fijo, pero con ganas de encontrar algo, Abel empezó a caminar por esas calles interminables de Los Ángeles, buscando trabajo para obtener dinero y poder comer, hasta que llegó a un lugar en donde llegaban personas a bordo de camionetas que gritaban: "Necesito tres". Otros decían: "Necesito dos", y así continuamente. Al ver todo eso, Abel preguntó que de qué se trataba y le contestaron que era para trabajar y que al final del día les pagaban. En aquel momento llegó un hombre que pedía tres personas y Abel no perdió la oportunidad y decidió subirse a la camioneta después de cederle el paso a tres, por lo que con él eran cuatro. Al llegar al destino el chofer preguntó que por qué eran cuatro y Abel contestó que él había sido el último que se subió, pero que aunque no le pagara lo dejara trabajar pues sólo necesitaba comer. El señor se compadeció y le permitió quedarse.

Al ver la oportunidad, Abel trabajó con todas sus fuerzas y al final del día el empleador quedó contento y le pagó con la comida, pero también le pidió su dirección para pasar por él al día siguiente. Abel le contestó que no tenía casa pero que estaría presente en el mismo lugar a la hora que fuera. Al día siguiente, muy temprano, el señor pasó por él para llevárselo a trabajar, y así pasaron varias semanas. El empleador vio en Abel a un hombre con ganas de progresar, por lo que le prometió que le conseguiría un trabajo de planta en un restaurante, y así fue.

Pronto el empleador de la camioneta recomendó a Abel y éste empezó a trabajar, sólo para poder comer. Así es; resulta que ya estando en el restaurante no le querían pagar más que la comida y, pues, para Abel eso era mejor que nada. Uno de los cocineros se enfureció al saber que Abel seguiría ahí a pesar de que no le iban a pagar dinero y le dijo que por individuos como él, todos perdían y que mejor se regresara a México. Abel le contestó que no lo haría, porque se había prometido a sí mismo no regresar derrotado y que antes de volver sin nada prefería morir. También le dijo al cocinero que de la única forma que podría regresar era con ropa nueva y con cien pesos en la bolsa. Después de escuchar eso, el cocinero cambió su actitud y le dijo que de él dependía que le empezaran a pagar. Y así fue; en pocos días Abel empezó a recibir su sueldo.

La actividad de Abel en el restaurante era barrer y cuando terminaba sus horas de trabajo se quedaba a lavar los trastes "gratis" para así poder entrar a la cocina y ver qué cocinaban y cómo lo hacían los cocineros.

Después de un tiempo, Abel pidió que lo dejaran trabajar como ayudante de cocinero aunque no le pagaran por eso, y le dijeron que sí. Con el paso del tiempo fue aprendiendo a preparar la comida, aunque al principio no fue fácil porque Abel no sabía leer ni escribir en español y mucho menos en inglés.

Eso significó para él una gran barrera, pues no sabía lo que decían los menús. Sin embargo, buscó la manera de solucionar el problema pidiéndole a las meseras que le enseñarán las letras para ir aprendiendo poco a poco. Entre lo que le enseñaban las meseras y las fotos de la comida, Abel empezó a aprenderse el menú y, al transcurrir el tiempo, le pidieron que ocupara una de las posiciones de cocinero. El dueño del restaurante notaba las ganas que Abel tenía de progresar y por eso le empezó a dar dinero extra y a dejarle otras responsabilidades.

Después de unos años, Abel se convirtió en el encargado del restaurante, hasta que un día el dueño decidió vender el lugar. La noticia llegó a oídos de Abel y, en ese momento, supo que había llegado la hora de tener su propio restaurante, así que se despidió de sus compañeros y se dio a la tarea de buscar un restaurante para comprarlo.

Abel me comentó que al principio se sentía un poco inseguro, pero en el fondo sabía que si buscaba la manera de obtener lo que quería, la iba a encontrar. Y así fue, buscó, encontró y compró su propio restaurante. La compra fue un gran éxito. Para entonces Abel ya tenía una familia y aunque la compra del negocio había resultado provechosa, estaba pagando un precio demasiado alto, que era pasar poco tiempo con sus hijos y su esposa. Por eso decidió vender y buscar algo nuevo. Y... El que busca, encuentra...

Después de un tiempo, Abel se convirtió en agente de bienes raíces (compra y venta de propiedades), y aplicando las mismas ganas de triunfar, hoy es dueño de su propio negocio de bienes raíces, de una casa cerca de la playa y autos del año, en donde no se mete debajo de ellos ni para cambiarles el aceite, porque tiene quien lo haga.

Como puedes ver, Abel buscó un futuro mejor y lo encontró, aun sabiendo que también había que pagar un precio.

Hasta el día de hoy este hombre sigue logrando más y más metas. Además, Abel contribuye con parte de su tiempo para motivar a individuos e impulsarlos a buscar una vida mejor.

Abel, al igual que yo, recomienda que no pierdan el tiempo viendo programas de televisión que no valen la pena. También recomienda que introduzcan en su vida el hábito de la lectura y que se rodeen de gente que va hacia adelante y no de gente negativa que va como los cangrejos: para atrás y para atrás, tratando de jalar a todo aquel que se les acerca, impidiendo su crecimiento personal. Si bien recuerdas, las "pequeñas" decisiones que tomas o no tomas a diario son las que con el paso del tiempo te entregan tus resultados. Así que te felicito por tomar la decisión de continuar leyendo y, a la vez, te sugiero que recomiendes este libro a tus seres queridos, ya que uno de mis propósitos es fomentar la lectura en la comunidad hispana, para que también descubran los secretos que por tantos años han estado impresos en los libros y que podrían ayudarlos a salir adelante. En base a la lectura y a los conocimientos que provienen de ella, podemos dirigir y forjar nuestro propio destino.

Hace algunos años, sólo el 5% de los habitantes del planeta podía comprar un libro y nutrirse de la información que le interesaba. Hoy en día se especula que el 5% de los habitantes del mundo controla la economía mundial. ¿Casualidad? No, no es casualidad. En ese 5% están los líderes que leen todos los días y ellos son los que están a cargo en las compañías, en la comunidad, en el país y en el mundo entero.

*"Apuntar con el dedo
y criticar es muy fácil.
Tomar la responsabilidad
para que las
cosas mejoren requiere
de esfuerzo y liderazgo."*

Frank Iñiguez
(El Embajador de la Lectura)

Excusas o Resultados

———∞———

En el camino de la vida, el ser humano desde temprana edad aprende a aceptar excusas. Algunos niños escuchan que son muy pequeños para soñar en grande o que no tienen los recursos para lograr cierta meta, en vez de escuchar preguntas que, quizás, puedan motivarlos cómo: "¿Qué crees que podamos hacer para que obtengas lo que quieres?". "Aunque aún estás pequeño, ¿cómo crees que puedes desarrollar esa idea que deseas? Y así sucesivamente, cualquier otra pregunta que obligue al Gran Genio a trabajar. Pero como siempre, se nos hace más fácil pensar negativamente –o al "ahí se va"– que hacerlo positivamente y trazar un plan.

Al transcurrir el tiempo, el niño se vuelve un joven que ha sido programado para ver obstáculos en vez del objetivo deseado. Cuando el joven finalmente llega a ser adulto, se siente derrotado y lleno de excusas –que ahora toma como hechos–, en lugar de sentirse como un triunfador. Los triunfadores, en cambio, siempre se preguntan las diferentes maneras de cómo poder lograr aquel sueño o meta deseada.

Ahora me gustaría que hicieras algo que requiere de interacción: quiero que en este mismo momento te preguntes cómo estás y en qué situación te encuentras.

Si no estás contento con tu presente ni con lo que haces, estoy casi seguro que ahora mismo te estás diciendo: "Es que yo no he podido lograr mis metas por culpa de mi mamá, mi papá, mi pobreza, mi ignorancia, mi esposo, mi esposa, mi cultura", o cualquier excusa que se te ocurra, cuando la verdad es que no quieres hacerte responsable de que las acciones que tomas o que no tomas a diario serán la base de tu vida. Tú decides cómo quieres ser: puedes ser una persona con actitud positiva y alegre, llena de vida y posibilidades, o puedes ser víctima de las circunstancias.

Recuerda que al tomar control de tu presente, de alguna manera estás controlando tu pasado y, definitivamente, el futuro. Te preguntarás: "¿Cómo es esto?". Te daré un ejemplo: ponte a pensar que decides ser un electricista. Al momento puedes hacer un plan, tomar acción, tener una buena actitud, y creer con mucha fe en que nada ni nadie te va a detener. De inmediato decides inscribirte en una escuela y quizás también decides ayudarle a algún electricista profesional. Ofreces tus servicios "gratis", por decir, todos los martes y jueves por unas horas, por varias semanas o meses, mientras aprendes. Continúas trabajando con mucho gusto y agradecido de que encontraste la oportunidad de aprender, y te mantienes en este proceso hasta lograr lo deseado.

Finalmente llegará el día en que podrás ejercer tu profesión deseada. Estoy seguro que al momento en que tomaste la decisión, alteraste tu presente y, por lo tanto, tu futuro. El tiempo transcurre y como tú eres una persona muy especial que prefiere los resultados en lugar de las excusas, pues terminas siendo un gran electricista. Al momento, te das cuenta que tú mismo has escrito tu propio papel en la gran película de tu vida. También, te darás cuenta que te vas a topar con obstáculos –quizás muchos–, pero como el gran líder que eres, tu meta va a ser mucho más clara. Quizás el Señor Gruñón se sienta fuerte cada vez que se te presenten obstáculos y quiera tomar ventaja, pero si tu decisión es clara y definida, ni tu Gruñón ni otros Gruñones disfrazados te van a poder detener. Claramente te vas a sentir como una persona que puede continuar en contra de las miles de excusas que se te atraviesan a diario.

La decisión va a ser totalmente tuya y tendrás que escoger: excusas o resultados. Recuerda que tú eres el autor, productor, director y la estrella principal de tu propia película. También te recomiendo que no tomes todo tan a pecho. Como te has podido dar cuenta, en el camino de la vida hay de todo: momentos de triunfo y momentos que parecen derrota, pero lo más importante es que el individuo esté dispuesto a aprender y seguir adelante, siempre con la mira en su meta, siempre dirigiéndose hacia el desarrollo mental, ya sea leyendo o asistiendo a seminarios de superación personal, o aprendiendo sobre la materia que le interesa.

Napoleón Hill, autor de varios libros en inglés, y a quien considero un excelente autor, dice una frase que me gusta mucho: "No hay persona derrotada hasta que la misma persona lo dé por hecho".

*"Todas las decisiones en tu
vida las tomas tú
ya sean buenas o malas,
para bien o para mal.
Por lo tanto,
simplemente tú decides
qué dirección
quieres tomar, tú te conviertes
en el autor, productor,
director, y estrella principal
de tu propia película."*

Frank Iñiguez
(El Embajador de la Lectura)

El Gran Genio

Ahora permíteme felicitarte una vez más por continuar leyendo este libro y porque, gracias a la pregunta que te hiciste desde el principio –que a lo mejor ya no recuerdas, pero que bien pudo ser: " ¿Qué información podré encontrar aquí que me ayude a progresar en mi vida?"–, tienes la posibilidad de avanzar en tu camino en busca del éxito. Déjame decirte que aquí encuentras a un autor que con mucho cariño y entusiasmo te entrega la poca o mucha sabiduría que le ha ayudado a alcanzar metas, deseos y sueños para que, quizá, te ayude a ti también a lograr esa meta o sueño tan deseado que andas buscando.

Busqué la manera de compartir con la comunidad hispana, y con todo aquel individuo que quiere progresar, lo que a mí me ha servido para lograr muchas de mis metas. Tú buscaste cómo encontrar los conocimientos que yo poseo y aquí estamos compartiendo –quizás en diferentes épocas– pero aquí estamos. ¡Felicidades!

Mira, te explicaré de la mejor manera cómo trabaja el Gran Genio. Al Gran Genio sólo basta con hacerle una pregunta y él se pone a trabajar incansablemente, claro, siempre y cuando no le canceles la orden. Pero ¿y quién es el Gran Genio? Pues es nada más y nada menos que una partecita de tu cerebro llamada subconsciente. Esta parte está despierta las 24 horas del día y ha grabado absolutamente todo desde que estabas en el vientre de tu madre y que sabe cómo conseguirte los mejores resultados. Puedes hacer todas las preguntas que quieras con la seguridad que te contestará.

Yo te presento al subconsciente como la vocecita que nunca te alega. Busques lo que busques está para servirte, ya sea para bien o para mal. El que decide eres tú y nadie más que tú.

Hay individuos que hacen las preguntas apropiadas, por ejemplo: "¿Cómo le haré para ganar más dinero?". El Gran Genio se pone a trabajar al instante y después de unos segundos o minutos, quizás ofrezca muchas respuestas. De repente, las personas ven las posibilidades, pero al mismo tiempo, las cancelan porque el hábito de la negatividad se presenta de inmediato para hacer afirmaciones tales como: "Es imposible", "Me falta dinero, inteligencia, edad, sabiduría, apoyo", y un sinfín de excusas. De esta manera, las personas pasan pidiendo y cancelando, pidiendo y cancelando, pidiendo y cancelando. ¡Qué lástima que no crean en sí mismas, que no tengan fe en sus propias respuestas!

Mira, aunque el Gran Genio existe para concederte todo lo que deseas, él no se pone a razonar contigo y tampoco trata de convencerte de que quizás estás pidiendo muy poco o que quizás lo que pides no es lo más conveniente para tu persona. El Genio sigue las instrucciones sin preguntas ni comentarios. Pidas lo que pidas o busques lo que busques, el Gran Genio simplemente se pone a trabajar hasta encontrar la respuesta o el resultado de lo que le has pedido.

Todo depende de ti y de si estás dispuesto a pagar el precio que se requiere por aquel deseo. Si en realidad estás dispuesto, ten la seguridad que lo lograrás. Para hacer esto más concreto: ¿estás de acuerdo en que en este momento en que estás leyendo este libro hay individuos que están buscando amor, dinero, un título, una nueva oportunidad, un nuevo trabajo? Y al mismo tiempo te pregunto: ¿estás de acuerdo en que cada uno de estos individuos va a encontrar exactamente lo que anda buscando? No sé si estés de acuerdo conmigo, pero yo sí creo que encontrarán lo que buscan; recuerda que: "El que busca encuentra". Lo triste es que sólo son muy pocos los que van a estar dispuestos a pagar el precio por conseguir lo que buscan y muchos otros seguirán esperanzados en recibir algo por nada y así, tristemente, se les va a ir mucho tiempo. Y tú, ¿Qué Buscas?

El secreto de esto es poner al Gran Genio a trabajar con preguntas que forzan al Universo a traer las mejores y más apropiadas respuestas, siempre haciendo ajustes según lo que el individuo vaya aprendiendo. Quizás el Gran Genio te traiga las respuestas al instante, quizás más tarde, pero te aseguro que las traerá hasta que puedas decidir cuáles son las más apropiadas y así hagas tu plan, tomes acción con una buena actitud y creas con mucha fe que lo vas a lograr. Recuerda que el plan es sólo la idea y nada es definitivo todavía. Seguramente que antes de llegar a lo que deseas, le harás varios ajustes a tu plan. Una vez más te lo vuelvo a recordar: si estás dispuesto a hacer los ajustes que sean necesarios y a seguir adelante, te puedo asegurar que las oportunidades de lograr lo que buscas son muy favorables.

A veces lo que sucede con las personas es que piensan que nunca podrán alcanzar sus metas y que van a fracasar, y desgraciadamente es justo lo que sucede. ¿Sabías que todo lo que tu cerebro piensa es justo lo que atraes? Si piensas que puedes lograr algo, así es, tú tienes la razón, y si piensas que no lo puedes lograr, así es, tú tienes la razón.

¿Qué tal si te permites soñar positivamente y de esa

manera empiezas a crear exactamente lo que quieres? Recuerda: lo que atraes es lo que constantemente piensas. Sería bueno poner más atención a lo que pensamos ¿no crees? Me ha tocado leer y escuchar en varias ocasiones que una de las tareas más difíciles para el ser humano es pensar en lo que desea y quedarse firme en ese pensamiento hasta lograr lo que anda buscando. Creo que vale la pena poder tener y desarrollar esa fuerza de voluntad, esa disciplina.

Hay algo que debemos tener en cuenta: nosotros somos como un reloj despertador al que podemos programar para que suene a determinada hora del día. Nuestra mente es algo parecido: si la programamos para triunfar, triunfaremos; si la programamos para fracasar, fracasaremos, pues todo lo que nos sucede es en base a nuestros pensamientos. ¡Qué triste es que haya personas que se pasan toda una vida pensando en una venganza y que al fin de cuentas lo logran! ¡Qué pena, qué pérdida de tiempo!

Otra cosa que también le suele pasar a la mayoría de las personas es que, efectivamente, creen que sí pueden triunfar, pero lo malo es que no todas están dispuestas a pagar el precio para conseguirlo. Este puede ser: invertir tiempo en alguna lectura relacionada con su meta o sacrificar algunos pasatiempos, como ver televisión o irse de fiesta. Quiero aclarar que no tengo nada en contra de ver un buen programa de televisión o una buena película y tampoco asistir a una fiesta. Creo que es necesario compartir tiempo con los demás, especialmente si son personas a las que aprecias.

Antes de pasar al siguiente tema, ¿qué tal si ponemos a trabajar a tu Gran Genio? ¿Qué te parece si hacemos la prueba para ver si esto del Gran Genio es real o, simplemente, una idea fuera de lugar? Vamos, pregúntale algo; no te "chivies" ni te distraigas. Si tomas la decisión de hacer la prueba, notarás que las respuestas vienen de inmediato, pero también observa que, al mismo tiempo que llegan las respuestas, llega el precio que hay que pagar. Observa que tu cerebro al instante y automáticamente toma decisiones. Humm, ¡qué curioso que las decisiones surjan sin pensar mucho!, ¿verdad?

Quizás puedas estar de acuerdo conmigo en que hay algún metiche que te está manipulando la mayor parte del tiempo. Si estás pensando en el Señor Gruñón, entonces piensas como yo porque realmente creo que el Señor Gruñón sí es un gran metiche.

Cuando me puse a pensar y a observar a estos dos individuos, al Señor Gruñón y al Gran Genio, llegué a la conclusión de que la mayoría de los individuos llevan las de perder, y descubrí que el Señor Gruñón no guarda silencio ni por un instante, en cambio, el Gran Genio sólo dice una cosa: "Bien". Si dices que puedes lograr tus sueños, el Gran Genio simplemente dice: "Bien" y busca por doquier y regresa con todas las maneras posibles de cómo lograr lo deseado. Si dices que no puedes, él simplemente dice: "Bien" y busca todas las razones por las que no puedes y hasta ahí llegas. El Gran Genio no trata de razonar ni convencerte para que hagas lo más conveniente. Tú eres el autor, productor, director y estrella principal de tu propia película. Tú decides si se puede o no se puede. Aunque tiene las respuestas para todo, el Gran Genio nunca se interpondrá sobre tu decisión: si crees que puedes, tienes razón, y si crees que no puedes, también tienes razón. Tú eres el jefe. Tú eres el autor, productor, director, y estrella principal de tu propia película.

Cuando descubrí en mí a estos dos individuos, al Señor Gruñón y al Gran Genio, las batallas fueron -y hasta la fecha siguen siendo- fuertes, pero gracias a que los descubrí, ahora mis resultados son fantásticos y cada día mejores.

Algo muy poderoso que me ha ayudado a controlar a mi

Señor Gruñón, es reconocer que esa voz "metiche" existe, y el reconocer que existe me permite controlarla y así dirigir tanto mi tiempo como mis ideales.

Un día le pregunté a mi Genio cómo podía lograr la meta de ser maestro y comenzó a buscar la respuesta. Después de muchas batallas con el Señor Gruñón, logré conseguir lo que quería, aunque a veces este Señor Gruñón me gritaba que yo era un burro que no sabía ni siquiera leer apropiadamente y mucho menos expresarme en forma escrita. Hubo ocasiones en que mi Señor Gruñón me gritaba que era imposible que pudiera conseguir suficiente dinero para pagar mis estudios y que, seguramente, todo mi esfuerzo no baldría la pena. Y así tuvimos muchas otras batallas, pero ahora, aquí me tienes: soy un maestro titulado y aunque fue poco a poquito y quizá muy despacito, lo logré.

Déjame decirte que para conseguir mis metas tuve que pagar precios altos tales como: dedicar muchas horas al estudio, ajustar las salidas con mi familia y amigos, y otros pequeños "sacrificios", pero al final valió la pena ya que logré mi sueño de ser maestro.

¿Estás dispuesto a lograr el tuyo? ¿Estás dispuesto a pagar el precio? Recuerda que tú eres el autor, productor, director, y estrella principal de tu propia película.

De este modo, le seguí pidiendo al Gran Genio que me ayudara a cumplir mis sueños y deseos, con bastante cuidado de no cancelar las órdenes. Le pedí una esposa, una casa, dinero, desarrollar mi sabiduría, disciplina, libertad, entre otras cosas, y poco a poquito y quizas muy despacito, todo se me empezó a conceder con mayor facilidad, al punto que decidí compartir mis conocimientos con todos aquellos que buscan apoyo, alguna dirección o alguna fuerza que los impulse a lograr lo que desean en la vida. Claro que las cosas no simplemente se dan así como así: hay que tomar acción y quedarse firme en lo que deseas, recordando en todo momento que todo tiene un precio.

Yo sabía que compartir estos conocimientos requeriría de un esfuerzo mayor y llegué a la conclusión de que tendría que dejar mi posición de maestro para poder dedicar el tiempo necesario a este libro, "¿Qué Buscas?". Te puedo decir que hubo grandes batallas entre mi Gran Genio y el Señor Gruñón, pero salí triunfante porque aquí me tienes entregando mis experiencias y conocimientos con mucho cariño y con el deseo de que puedas encontrar algo que te impulse a ir en la dirección que buscas.

Sabiendo que iba a ser el autor de este libro y sabiendo, incluso, que sería un reto aplicar lo que aquí comparto, me di a la tarea de buscar y usar la misma fórmula que te recomiendo para que logres lo que deseas y así puedas avanzar en tu vida: plan, acción, buena actitud y creer con mucha fe que todo va a salir bien, tal como lo visualizas.

Para que este punto quede mejor ilustrado, te voy a dar un ejemplo con las palabras claves: Hice un plan que fue disminuir mi responsabilidad financiera (deudas). Me puse a leer y a entrevistar a individuos especializados en finanzas para así poder aprender lo más posible. Aprendí lo necesario y escribí mi plan, tomé acción con una buena actitud y creí con mucha fe en que todo me iba a salir bien. Te comparto una vez más que el plan inicial nunca es cien por ciento definitivo, siempre hay que hacerle ajustes.

Ahora aquí me tienes compartiendo y disfrutando de lo que he logrado. ¿Y qué he logrado? Bueno, al principio del libro te comenté que fui reprobado en la preparatoria, pero a pesar de eso, logré el equivalente en una escuela para adultos. Después obtuve el título de Bachiller en Artes del Colegio del

Este de Los Ángeles, además de obtener otro título de Bachiller en Educación de la Universidad de California y, finalmente, una Credencial en Educación de la Universidad de Chapman.

Después de haber logrado mi sueño de ser maestro, compré mi primera casa. Posteriormente decidí invertir en la compra de propiedades y adquirí otras hasta llegar a acumular el dinero suficiente que hoy me permite el tiempo necesario para escribir "¿Qué Buscas?, y pasar más tiempo con mi familia. En pocas palabras, dejé mi profesión de maestro para dedicarme a contribuir a despertar a la comunidad hispana y promover la lectura por todas partes del mundo.

Cuando me llegó la idea de crear este despertar, pensé en mis sobrinos y en cómo podía empezar a compartir con ellos mis observaciones de las cuales me estaba beneficiando y de las que ellos también podrían beneficiarse. Les comenté a algunos de ellos que podíamos compartir un año leyendo y desarrollando nuestra disciplina, para así poder lograr más de lo que nos podíamos imaginar.

Comencé pensando en mis sobrinos, pero se añadieron mis dos hijos y unos cuantos amigos que escucharon lo que iba a suceder por todo un año. También mi hija Paola nos acompañó en varias de nuestras juntas, convirtiéndose en la única mujer en un grupo sólo de hombres. ¡Los resultados fueron increíbles! Esto fue el principio de lo que hoy llamo Master Mind (Alianza de Mentes Maestras), de lo cual también me enorgullece ser el creador y fundador.

Hoy en día aún siguen fuertes estos grupos que se crean y se reúnen por todo un año creando resultados ¡extraordinarios!

A todos los que han compartido Alianza de Mentes Maestras *(Master Mind)* conmigo, muchas gracias por contribuir a mi constante crecimiento.

Hoy, uno de mis grandes logros – y del cual me siento muy orgulloso–, es haber publicado este pequeño libro que ahora estás leyendo. Mi objetivo con estos escritos es compartir, con individuos como tú, que "El que busca, encuentra", siempre y cuando la persona esté dispuesta a pagar el precio que se requiere para conseguir lo que desea, pues no hay tal cosa como recibir algo por nada.

También estoy muy agradecido con la primer alianza de mentes maestras *(Master Mind)* porque de allí salio la fuerza para la creación del seminario al que yo asistí en ingles (PSI) al que nosotros le nombramos SEPA. He tenido el privilegio de ser uno de los fundadores de una organización que se llama Seminarios Éxito Personal Ahora (SEPA). Básicamente es el seminario que tomé en inglés hace más de 24 años y que por alguna razón no se había realizado en español hasta que tu servidor y un grupo de compañeros decidimos iniciarlo.

Respecto a este seminario puedes adquirir información en la internet en www.seminariosepa.org o llamando a los teléfonos (323) 771-0410 ó (562) 325-2950

*"Todos en el mundo desean
o buscan algo,
pocos están dispuestos
a pagar el precio
para conseguirlo
de la mejor manera.
Disposición es el milagro
que causa la creación."*

Frank Iñiguez

(El Embajador de la Lectura)

Todo tiene un precio

———∽∽∽———

Estoy seguro que desde el principio de este libro has notado que he mencionado el concepto de "todo tiene un precio", por lo que decidí hablarte un poco más sobre el tema.

Hay ocasiones en que solemos escuchar, principalmente en anuncios de televisión y radio, que hay algo que podemos ganar completamente gratis y que lo único que debemos hacer es llamar a x o y programa. Esto nos lleva a pensar que no todo tiene un precio, pero en realidad eso es mentira porque en esta vida todo tiene un precio. Entre más pronto entiendas y aceptes este concepto será mucho mejor para ti, así perderás menos el tiempo y te desengañarás más rápido. De esta manera puedes decidir hacia qué dirección quieres dirigirte y cuál es el precio que tienes que pagar.

Quizás pienses que lo que te digo no es verdad, pero te invito a que pienses y reflexiones en lo siguiente y te darás cuenta que sí lo es. Te lo explicaré: cuando en x o y programa de radio o televisión te ofrecen un regalo gratis, casi siempre dicen: "Sigue escuchando, tal vez tú seas el ganador". Humm, ahora quiero que me digas ¿aún piensas que el regalo en realidad es gratis, puesto que invertiste parte de tu tiempo en escucharlo? Porque prácticamente te están dando el regalo con tal de que escuches la estación de radio o veas el programa de televisión.

Hay miles de personas que viven con la idea de ganar algo por nada y, mientras esto sucede, pierden su valioso tiempo que bien pudieran utilizar e invertir en el desarrollo de su mente, ya sea leyendo algo relacionado con lo que quieren alcanzar o rodeándose de gente que les puede ayudar a conseguir lo que desean y en cualquier ramo que buscan.

Considero que es una lástima que muchísimas personas no puedan darse cuenta del precio tan alto que están pagando al perder el tiempo viendo programas de televisión que, muchas veces, ni valen la pena, en vez de ocupar su tiempo forjando un futuro mejor y aprendiendo algo que les pueda beneficiar.

Con esto, no quiero decir que estoy en contra de pasatiempos, como ver televisión o escuchar radio; sólo quiero que te des cuenta que hay quienes prefieren pagar un precio alto y que no les beneficia, en vez de hacer algo de provecho y que les va a cambiar la vida.

Hay algo muy curioso: en varias ocasiones he escuchado que las personas dicen: "Es que no tengo tiempo para ir a la escuela o leer un libro", pero lo sorprendente es que para ver televisión o escuchar programas radiales que no valen la pena sí hay tiempo. Creo que hay tiempo para todo, sólo es cuestión de distribuirlo de manera efectiva. Tú eres el jefe que decide cómo gastar o invertir tu tiempo.

Con gusto yo pago el precio cuando se trata de aprender y seguir desarrollando mi sabiduría: constantemente compro libros referentes a temas que me interesan y que contribuyen a mi crecimiento profesional. De igual manera si me entero de algún curso, seminario o plática que me interesa, simplemente me inscribo y voy. Tomo lo que me beneficia y lo que creo que puede ayudar a crear un mundo mejor; lo que creo que no sirve, simplemente lo dejo ir. Así que, ponte listo y piensa siempre en el precio que estás pagando por lo que haces en tu vida, y si de verdad tiene sentido o no.

En una ocasión algunas personas desafiaron mi teoría diciendo que, uno puede ir a alguna fiesta sin llevar regalo, allí la comida es gratis y se puede comer hasta que ya no le quepa más. Mi respuesta simplemente fue que aunque no tienen que pagar monetariamente, aún el cuerpo tiene que procesar y pagar el precio de la gula. Eventualmente la persona tiene sobrepeso que puede contribuir a diferentes clases de enfermedades. ¡Todo tiene un precio!

No todos pagan el mismo precio para lograr sus sueños. Hay personas que sacrifican su familia y dejan su país de origen buscando una vida mejor. Y así como este ejemplo hay muchos más. Y por eso una vez más quiero felicitarte y felicitar a todos aquellos que se atreven a pagar el precio por aquello que buscan y lo hacen de una manera responsable.

En esta ocasión te felicito por atreverte a pagar el precio que es dedicar tu tiempo e invertir tu dinero en este libro. Pero ¡qué ironía!, en este momento en que estás nutriéndote de conocimientos, hay individuos que están malgastando su cerebro en cosas que no valen la pena y piensan que comprar un libro es un gasto y no una inversión que les traerá beneficios a corto o largo plazo.

Así que, felicidades, eres un ganador, ya diste el primer paso y estoy seguro que es el primero de muchos, y así paso a pasito y quizás muy despacito, el rumbo que tomes te llevará adonde quieres llegar, hacia tu meta. Sigue buscando el desarrollo mental y puedo asegurarte que no te arrepentirás, pues la sabiduría que adquieras nunca se perderá y menos si compartes todo lo que sabes con la gente que te rodea, ya que de esta manera te vuelves a nutrir una vez más.

No puedo garantizarte que todo será fácil por el simple hecho de estar leyendo "¿Qué Buscas?" y por tener algunas herramientas que te van ayudar a progresar. Lo que sí te puedo asegurar es que día con día estarás caminando hacia tu Estrella del Norte. Es decir, estarás caminando por la vía correcta. ¿Por qué correcta? Simplemente porque la escogiste y la trazaste tú, y no porque la vida te la presentó por "casualidad".

¿Te has preguntado por qué hay tantas personas que no están contentas con su trabajo? Quizás la respuesta es que la mayor parte de los individuos no escogió su trabajo sino que quizás algún amigo, pariente, o conocido les invitó a trabajar por "dizque mientras" y así pasaron los años y al transcurrir el tiempo se conformaron y aceptaron la derrota como parte de la vida. El hábito del trabajo a la casa y de la casa al trabajo los hipnotizó convirtiéndoles en conformistas, conformistas que en vez de ocupar su tiempo en algo de provecho y en pensar cómo vivir mejor, lo utilizaron para quejarse de ser víctimas de la vida y seguir estancados. Así han continuado hasta la fecha pagando el precio de la conformidad, uno de los precios más altos, según mi opinión. Se deslumbraron por la primera luz que vieron, en vez de continuar caminando hacia su Estrella del Norte, hacia su sueño.

Ya para cerrar este punto, quiero mencionarte que el costo de cualquier cosa usualmente es monetario, como lo que pagaste por este libro. En este caso, el costo del libro fue monetario, pero el precio es el tiempo que invertirás en leerlo. Así que, sigue adelante y no te detengas hasta terminarlo.

¿Qué Buscas?

*"Si algún día tienes problemas
para decidir sobre alguna acción,
toma referencia en estas reglas.*

*Regla número uno:
no te lastimes ni físicamente,
ni mentalmente, ni monetariamente.*

*Regla número dos:
mientras vayas por la vida, y aún más,
cuando empieces a tener logros,
no lastimes a nadie ni físicamente,
ni mentalmente, ni monetariamente.
No hay necesidad, hay bastante
para todos.
Recuerda, la vida nos cambia
de posición muchas veces
durante el transcurso, se bueno y
comprensivo con tu prójimo"*

Frank Iñiguez
(El Embajador de la Lectura)

La Estrella del Norte y la gran señora Harriet Tubman

Ahora paso a contarte una historia fantástica de los años de la esclavitud en Estados Unidos. En aquel entonces existió la señora Harriet Tubman, quien fue parte del ferrocarril por debajo de la tierra. Este ferrocarril no consistía en una locomotora y vagones, sino de casas y lugares específicos que servían como lugares "clandestinos" donde los esclavos negros del Sur se refugiaban al intentar escapar hacia el Norte de Estados Unidos de América.

La gran señora Harriet Tubman era una esclava que se escapó varias veces, salvando a muchos otros de esa misma condición. Como no existían mapas, rótulos ni ninguna clase de aparatos que proporcionara la dirección adecuada, ella se dejaba guiar por la Estrella del Norte.

Esa gran estrella fue muy importante porque era el punto de guía para esta señora al indicar la ruta hacia el Norte, que era por donde podían escapar. Quizás te puedas estar preguntando qué tiene que ver la historia de la señora Harriet Tubman con tu propio progreso. Pero como podrás ver, nuestra historia también incluye a la Estrella del Norte.

Esta señora sabía exactamente dónde estaba la estrella y adónde tenía que ir para llegar a su destino, y aquí está el punto: si un individuo sabe dónde está y adónde quiere ir, pues es más fácil llegar, al contrario de aquellos individuos que van velozmente por la vida sin saber adónde van ni qué buscan. Estas personas parecen estar siempre muy ocupadas, sin darse tiempo para su desarrollo personal, ni para gozar de grandes o pequeños momentos con su familia.

En otros casos, hay individuos que sí saben adónde van, pero el problema es que no saben en qué punto están, no saben en donde está su Estrella del Norte y, por lo tanto, no saben adónde se dirigen. Un ejemplo es que hay jóvenes que quizás en este momento están asistiendo al colegio, pero no saben lo que quieren ser. Lo que sucede entonces es que esos jóvenes pueden pasarse toda la vida estudiando y jamás llegan a ninguna meta. Se convierten en estudiantes de por vida.

En otro caso están esas personas que siempre se la pasan ocupadas trabajando, trabajando y trabajando, acumulando dinero sin saber por qué o para qué. Estas personas no vacacionan, no se divierten, no gozan, no contribuyen, simplemente acumulan y sin saber por qué o para qué. Al término de su tiempo hay quienes se preguntarán que para qué fue tanto trabajo, ya que no pueden gozar de todos sus esfuerzos, las primaveras ya han pasado y no han pasado sin dejar huella. Habrá pocos recuerdos de momentos de gozo y no habrá personas que los recuerden por haber contribuido a sus vidas.

En el caso de la señora Harriet, no se aceptaban errores porque el precio sería la muerte. Ella se aseguraba de no cometer errores pues la Estrella del Norte le indicaba donde estaba y con esa información también sabía adónde tenía que dirigirse. Comparto contigo esta historia porque es parecida al camino de la vida, ya que para poder echar a andar cualquier plan es necesario que el individuo sepa dónde está, qué herramientas tiene y cuáles necesita para lograr llegar a su meta.

Como puedes ver, es muy importante saber en dónde estamos y en dónde está nuestra Estrella del Norte, para así poder saber adónde queremos llegar. Hay ocasiones en que algunas personas desean un mejor trabajo y, realmente, querer un mejor trabajo no significa que lo van a conseguir: primero tienen que saber qué clase de trabajo desean, luego tienen que saber en dónde están, qué tanta capacidad requiere el trabajo, después, ponerse en marcha hacia esa dirección que los va a conducir a ese mejor trabajo. Por ejemplo: vamos a suponer que la persona trabaja en construcción de casas, pero lo que realmente le gustaría hacer es manejar camiones. Pues esta persona tiene que darse cuenta en dónde está, preguntarse qué tanto sabe de camiones, o si es necesario tomar algunas clases de manejo, etc.

Como ves, se necesita hacer un análisis de lo que se quiere lograr, cómo y adónde se quiere llegar, para así cubrir los requisitos y poder obtener lo que se desea porque, en realidad, no creo que un día aparezca alguien con las llaves de algún camión y se las entregue a ese individuo así como así y le diga: "Ten, ponte a manejar y te voy a pagar lo que tú deseas". Ahora, si esta persona toma el tiempo necesario para prepararse y empieza a buscar en las diferentes compañías, puede ser que encuentre algo. Los empleadores se darán cuenta que el individuo tiene la capacidad y pueden ofrecerle el trabajo deseado.

Es importante recalcar en este punto que cuando el individuo llega a lograr su meta, es gracias a que buscó, decidió pagar el precio y a que descubrió su Estrella del Norte. Claro que no va a faltar quien diga y juzgue: "¡Qué suerte tiene"! Pero la realidad es que este indviduo se preparó para la ocasión, y no como miles de personas que están esperando la oportunidad para luego prepararse. Lo triste es que pueden llegarle muchas oportunidades, pero pasarán desapercibidas. Quizás te ha tocado escuchar a gente que dice: "Es que no ha salido la oportunidad adecuada", y esa misma persona es la que se pasa dos, tres o cuatro horas viendo televisión en vez de aprovechar el tiempo buscando la oportunidad de encontrar algo para mejorar su vida.

Son muchas las personas que pasan el tiempo haciendo cosas que no les van a producir ningún resultado positivo: ven televisión, platican o chismean por horas de cosas insignificantes, se divierten con juegos de video o, en algunos casos, pasan tomando alcohol en compañía de personas que tampoco quieren mejorar, etc. El caso es que en vez de emplear su tiempo en algo productivo, deciden desperdiciarlo y luego se lamentan de la situación. No falta quien diga: "Todo está en mi contra, nada me sale bien, soy un tonto, la suerte no está de mi lado" o cosas parecidas, aunque la realidad es que son personas que no buscan cómo mejorar. El gran dicho lo dice bastante claro, "El que busca, encuentra". Y tú, ¿Qué Buscas?

Ahora quiero contarte una pequeña historia de un individuo que buscó y encontró la manera de mejorar su persona y seguir adelante. Hace tiempo, un adulto joven llegó a Estados Unidos como muchos: ilegal, sin dinero, sin hablar inglés y, además, con pocos estudios.

Él, como otros, pudo haber dicho la famosa excusa de que no sabía inglés y que se tenía que conformar ganando el mínimo en una fábrica. Pero el caso de este joven fue diferente pues decidió que quería ganar más dinero y trabajar en algo que le llamara la atención, que le gustara, y que también le permitiera mandar dinero a su familia en su país sin estar limitado al cheque que ganaba por las horas trabajadas en la fábrica.

Él no fue como otros que se la pasan lamentándose sin hacer nada para tener un cambio positivo en su vida, y decidió seguir su Estrella del Norte. Sabía en dónde estaba, sin nada de conocimiento en la materia, y sabía adónde se quería dirigir: deseaba ser mecánico.

El joven encontró trabajo en una fábrica, pero eso no lo hacía sentirse en plenitud, así que hizo su plan, tomó acción con una buena actitud, y creyó firmemente en que todo le iba a salir bien, tuvo fe. Decidió buscar un taller de mecánica y empezó a ayudar, completamente "gratis", para así poder obtener algo de experiencia en la materia. Tanto fue su deseo que los resultados fueron magníficos. Pronto aprendió lo básico, como cambiar aceite y arreglar frenos. Rápidamente se corrió la voz entre las personas que lo conocían y le empezó a llegar a su casa trabajo de mecánica, primero los fines de semana y luego después de su trabajo en la fábrica, hasta que un día decidió dejar su trabajo para dedicarse de tiempo completo en un taller mecánico, aún ganando el mínimo. Con el transcurso del tiempo fue aprendiendo más y más hasta poder diagnosticar y componer un motor completo. Como te podrás imaginar, finalmente dejó el taller y empezó su propio negocio, gracias a que diseñó y forjó su propio camino.

Quizá estés diciendo que la mecánica no te interesa y que esta historia no se aplica a ti. Mi intención con este ejemplo no es decirte lo que tienes que hacer o qué camino es el mejor para ti; mi intención es comunicarte que tanto tu futuro como tus resultados los escoges tú. Esto es sólo un ejemplo para que te des cuenta que "El que busca, encuentra" y nada es imposible, siempre y cuando estés dispuesto a invertir lo que la meta requiere, y siempre y cuando estés dispuesto a pagar el precio. El punto que presento con la historia de este hombre es que, en vez de pasar su tiempo haciendo nada y frustrándose cada día más al enfocarse en todas sus deficiencias y obstáculos, decidió desarrollar su propia imagen, buscó y encontró la mejor manera de forjar su propio camino. Y como muchos triunfadores, este joven estuvo dispuesto a invertir el tiempo, sí, el tiempo necesario para lograr su objetivo. Porque hoy en día todo mundo quiere los resultados ¡ya!, sin invertir el tiempo necesario. ¡Todo toma tiempo! Y pagas el precio al momento o lo pagas después, pero todo toma tiempo.

Asimismo, tú tienes el poder de forjar tu propia imagen, tu propio camino y de seguir tu Estrella del Norte, siempre recordando que todo tiene un precio y hay que estar dispuesto a pagar por lo que uno desea.

Este joven, que decidió poner su propio taller a pesar de todos los obstáculos que se le presentaban –como tener que hablar otro idioma, adoptar nuevas leyes, no tener dinero, no saber nada de la materia que le interesaba–, es un ejemplo a seguir porque, a pesar de todos los obstáculos, se decidió y se quedó enfocado en su Estrella del Norte y, al final de cuentas, encontró lo que buscaba, pues te repito: "El que busca, encuentra". Y tú, ¿Qué Buscas?

¿Qué Buscas?

*"Si algo va a suceder,
primero lo tienes que creer.
Es mejor de poco a poquito
y quizás muy despacito, pero avanzando
a donde quieres llegar,
que pensar en algo imposible
y ni una pequeña acción tomar."*

Frank Iñiguez
(El Embajador de la Lectura)

Todo empieza con una idea, con un sueño

―――――∽∽―――――

Lo primero que tienes que hacer es soñar, descubrir una idea que te haga palpitar el corazón con un ritmo emocionante y no desapartar ese deseo de tu mente. Si lo haces con toda tu intención y tomas acción, tras acción, estoy seguro que encontrarás lo que buscas.

Debes saber que todo lo que ves, oyes, hueles, pruebas y tientas, empezó con una idea, con un sueño y, gracias a esas personas que tuvieron el valor de hacer realidad sus sueños, hoy podemos gozar de tal cosa. Imagínate que tú también pudieras contribuir con algo tan especial para el mundo, quizás con una canción, un poema, un alimento, un edificio, o algo que tú creaste a base de un sueño. Es emocionante pensar en tal posibilidad, ¿no crees? Es por eso que tomé la decisión de escribir este libro: me imaginé todo lo bueno que podría enseñar a todas aquellas personas que buscan mejorar, así como lo has decidido tú.

Hubo personas que me advirtieron que a nuestra comunidad hispana no le gusta leer y que, quizá, mi esfuerzo sería inútil. Varias veces les contesté que todo cambia y que yo creo que nuestra comunidad ya está empezando a cambiar. La prueba la tenemos aquí: en este momento estás leyendo este libro. Espero que después de que termines de leer "¿Qué Buscas?", sigas siendo, o a partir de este momento ya seas, un buen lector y un ejemplo para los que te rodean, y sobre todo, para tu comunidad que busca mejorar. El gran cambio empieza contigo, recuérdalo siempre. Y como dice mi amigo el ingeniero Rubén Barba, "Se hace lo que se puede con los que quieren, nada más". ¡Espero que tú quieras ser parte del gran cambio!

Espero que seas uno de los que busca y quiere un cambio en nuestra comunidad y para nuestra raza, la raza humana. Cuando tú mejoras se puede decir que el mundo ha mejorado. Así que, a pesar de todos los comentarios que se dieron en un momento dado, decidí continuar y contribuir para fomentar la lectura entre nuestra comunidad. Hay que recordar que la mayoría de los secretos para progresar en la vida se encuentran impresos en los libros.

Recuerda que un cerebro que lee está más apto para captar lo que sucede a su alrededor, de una manera más fácil y rápida. Aunque ningún autor tiene todas las respuestas a todas las preguntas, estoy seguro que en los libros podrás encontrar información que te guíe hacia lo que buscas. Quizás un libro te lleve a otro libro o te recomiende algún tipo de seminario o clase y que te guíe hacia lo que buscas. Quizás en la clase o seminario que tomes encuentres a una persona que te pueda guiar hacia donde te diriges. Ten por seguro que eventualmente vas a encontrar lo que buscas.

¿Sabes?, soy un hombre afortunado que ha logrado muchos de sus propósitos y no pretendo decirte que hagas lo que yo hice al pie de la letra para conseguir lo que deseas. Lo que sí me gustaría es que tomaras en cuenta lo que te he compartido hasta el momento; si lo haces, ten la seguridad de que tu vida será diferente. No quiero que sólo leas estos escritos, sino que los analices y tomes lo que te sirva para que así los puedas poner en práctica cuando lo creas conveniente.

¿Qué Buscas?

*"Si das gracias
por lo que tienes
en vez de renegar
por lo que no tienes,
tu sufrimiento será
de poco a nada."*

Frank Iñiguez
(El Embajador de la Lectura)

Mi hijo Nicolás y su gran fe que le ayudó a combatir sus ataques de ansiedad

A la edad de 3 años, mi hijo Nicolás comenzó a sentir ansiedad de claustrofobia. Además, por un par de meses, hablaba tartamudeando. Al percatarme de estos problemas empecé a cambiar mis hábitos de comunicación con él; comencé a hablarle y escucharle con más paciencia, además de no permitir que sus amigos lo molestaran por tal problema. Su tartamudeo llegó y se fue como si nunca hubiera existido, pero el problema de ansiedad le volvía de vez en cuando. Como maestro le podía ayudar y lo guiaba para que la ansiedad no le afectara tanto, sin embargo, no encontraba la solución definitiva al problema.

Un día pensé que necesitaba ayudarse a sí mismo en caso de que yo no estuviera, por lo que me puse a razonar sobre algunas maneras posibles para ayudarlo. En el proceso descubrí que mi hijo era y es muy devoto de orar todas las mañanas, a la hora de la comida y antes de dormirse.

Después de descubrir que Nicolás oraba siempre, busqué la manera de ayudarlo por medio de sus oraciones. Le dije que tener fe es una fuerza que pocos conocen y que es un poder del que todos pueden gozar para lograr hasta lo imposible y poder ayudarse a ser más fuertes que cualquier ataque. A raíz de eso, poco a poquito mi hijo Nicolás fue descubriendo su fuerza mental y su fe, y pudo controlar por completo esos ataques.

Mi propósito con esta historia no es comunicarte que mi hijo pudo superar tales problemas, sino cómo pudo superarlos con su fe, tanto en él mismo, como en el Ser en quien él cree. Como puedes ver, la mejoría de mi hijo fue gracias a que tuvo y tiene fe en que todo va a estar bien, debido a la fe que le tiene al Ser Supremo al que le deposita toda su confianza.

Fe es una palabra que se puede escuchar en casi todas las religiones del mundo y que para muchos significa milagro. La fe es creer en algo superior a nosotros mismos que nos puede ayudar a cumplir nuestros deseos. Lo máximo de la fe es poder imaginar nuestros sueños y visualizar que los haremos realidad.

La razón por la cual escribí este libro es porque tuve fe en que lo podía lograr, en que se publicaría y en que gente como tú lo iba a comprar para leerlo. También tengo fe en que lo vas a recomendar a otros para así poder pasar la voz a millones de personas que aún viven con la idea de que la sabiduría es sólo para algunos individuos, cuando en realidad es para cualquier persona que busca y decide mejorar diferentes aspectos de su vida.

Mi fe en Dios Todopoderoso es, ha sido y siempre será el ingrediente en todos mis logros. Con esto no quiero decirte que tú también tienes que creer en quien yo creo para lograr tus metas. Mi intención no es fomentar ninguna religión en este libro; sólo te comparto y te digo que creas en quien creas lo más importante es tener fe.

Hay muchísimas personas en todo el mundo que desean una vida mejor y que quieren vivir, por lo menos, uno o dos de sus sueños, pero en lugar de vivir tales sueños se dejan llevar por la conformidad, pues se les olvida que la fe está dentro de ellos y a su alcance por si desean aplicarla. Ten fe; tú también tienes el derecho de aprender y lograr tus sueños.

Continúa comprando y leyendo libros que contribuyan a tu crecimiento mental. Invertir en tu cerebro es lo mejor que puedes hacer, porque el desarrollo mental no se pierde ni en tiempos de crisis económicas.

La fórmula para lograr tus sueños es fácil: simplemente debes hacer un plan, tomar acción, tener buena actitud, y creer con mucha fe en que lo vas a lograr. Además, también debes estar consciente del precio que hay que pagar. Durante el transcurso del plan, recuerda dejarte guiar por tu Estrella del Norte y te puedo asegurar que si sigues esta fórmula las fuerzas del Universo van a llegar y tocar tu puerta para entregarte tu encargo, tu gran sueño.

A estas alturas, tal vez puedes estar diciendo: "Cuánta palabrería; esto se ve y se lee muy bien, pero qué tal que no funcione para mí". Por eso me gustaría proponerte un reto y decirte que si decides seguir tus metas con la fórmula que ya te di y no te funcionan me busques y me lo hagas saber. Ya veré la forma de retribuirte lo que invertiste en este libro, aunque estoy seguro que el conocimiento que aquí plasmo te sabrá guiar, si así lo deseas. Recuerda: "El que busca, encuentra". Si quieres encontrar buenos resultados y buscar cambios positivos en tu vida, pues eso es exactamente lo que vas a encontrar. No puede ser diferente porque, te repito: "El que busca, encuentra".

*"La sabiduría, el conocimiento
o el entendimiento
es como el oxígeno;
sólo le beneficia al que lo respira,
sólo es de quien lo logra.
No se puede heredar."*

Frank Iñiguez
(El Embajador de la Lectura)

La Importancia de la Lectura

Ya para despedirnos y para cerrar con broche de oro, como dice mi hermano Rogelio, quiero abordar uno de los temas que considero muy importante: la lectura.

Después de haber pensado y escrito la mayor parte de "¿Qué Buscas?", me puse a pensar en otro mensaje que quiero enviar. Y llegué a la conclusión de que lo que anhelo es despertar el hábito por lectura en nuestra comunidad hispana.

Te podría explicar de una y mil maneras lo importante que es leer y quizás no voy a encontrar la razón para convencerte que leas, pero espero que busques y encuentres la razón que te comprometa a ser un lector de por vida para el beneficio tuyo y de tu raza, la raza humana.

Ya es hora de que la raza humana se entienda mejor y siento que en base a la lectura se pueden aprender las diferentes costumbres que existen en nuestro planeta. Al aprender sobre las diferentes culturas, quizás pueda haber más entendimiento y más respeto por las diferencias que existen.

El objetivo de todas las religiones, al menos las que conozco, es vivir en armonía. Entonces ¿por qué no aprender, respetar y entender que aunque hay muchas culturas y religiones sólo hay una raza, la raza humana? Ya es hora de que podamos vivir en paz entendiendo que todos tenemos sentimientos de dolor, amor, angustia o felicidad. Entonces ¿para qué causar sentimientos que lastimen a los demás cuando sabemos que estamos lastimando a otro ser humano que siente igual que tú?

Leer es una de las herramientas más poderosas que existen en este mundo. ¿Por qué crees que todos los países son gobernados por personas que saben y leen todos los días? Es una herramienta necesaria para poder guiar y entender adónde es que se quiere llegar.

Leer te da la gran oportunidad de que te conviertas en líder. Los líderes son aquellos que, con el paso del tiempo, dejan huella en este mundo. Te sugiero que hoy mismo tomes la decisión de convertirte en un lector, para que por lo menos dejes esa herencia en tu casa, a tus hijos si es que los tienes. Así como tú les dejas esa herencia a ellos, ellos se la dejen a tus nietos y así sucesivamente.

Cuando era niño, en mi casa me decían que me pusiera a leer, pero no recuerdo ni una sola vez que me lo hayan enseñado con ejemplos. También como maestro de primaria, cuando les preguntaba a los padres de mis estudiantes que si acaso leían, usualmente me contestaban que no. Mi sugerencia es que compres libros y los leas donde tu familia vea y admire tu amor por aprender, tu amor por la lectura.

Una manera de demostrar el amor que se puede tener por la lectura es asignando un lugar especial en la casa para los libros, donde cualquier miembro pueda llegar a leer cómodamente. Si para el televisor hay espacio, por muy pequeño que sea el departamento o la casa, creo que también puedes encontrar un espacio para acomodar tus libros. En casi todos los hogares que he visitado, hay un televisor y, aunque es un poco penoso contarlo, usualmente entre más grande es el televisor menos libros se encuentran en el hogar.

Durante la vida del ser humano este se expondrá a diferentes disciplinas y hábitos. Me gustaría que adquirieras la disciplina y el hábito de la lectura que, en mi experiencia, es extremadamente beneficiosa. Si lo analizas te darás cuenta que puede ser algo fácil y entretenido, sólo es cuestión de proponértelo. Quizás quieras empezar con cuatro páginas por día, así como empecé yo hace mucho tiempo. Lee lo que más te atraiga, pero lee. No te dejes vencer por ti mismo, ni por nada, ni por nadie.

Quizá quieras empezar poniéndote como plazo un mes. ¡Excelente! Ponerle principio y fin y no dejarte vencer hasta que termine ese plazo (o el libro), es magnifico porque esto le demuestra a tu Señor Gruñón que las batallas importantes las ganas tú. Eventualmente empezarás a dominarlo más y más, lo que te da la ventaja de marcar tu propio paso y así hacer lo más beneficioso para ti y para tus seres queridos.

Te convertirás en una persona de terminación y determinación es lo que se requiere para lograr lo deseado. No pienses que hay un error en las palabras de terminación y determinación. Las escribí a propósito para que veas que una persona que termina lo que empieza se convierte en persona de terminación.

Determinación, por lo tanto, se convierte en parte de lo que deseas con todo tu ser. Muchos de los libros que han contribuido a mi desarrollo personal mencionan que para triunfar se requiere de determinación. Te recomiendo uno de mis libros favoritos, "Piense y Hágase Rico", de Napoleón Hill, donde este concepto se puede entender más claramente.

Claro, si estás listo para aprender porque no por el simple hecho de leer quiere decir que lo entiendas; lo entenderás sólo cuando estés listo, y eso en ocasiones toma tiempo. Se paciente. Te confieso que la palabra determinación la entendí después de muchos años. Anteriormente no la había visto en ningún artículo ni tampoco se la había escuchado a alguien así como te la presento hoy, pero por alguna razón la pude entender y descifrar para podértela presentar.

Espero que el entendimiento de tan poderosa palabra te beneficie y que la uses como mejor te convenga. Te sugiero que empieces a dejar huellas de terminación en tu cerebro, así cuando decidas ponerte un reto por ese algo que andas buscando, sepas que la determinación para encontrarlo está en ti. Es tanta la importancia y beneficio de la lectura que hay personas que prefieren que no sepas leer y, si sabes leer, prefieren distraerte de cualquier manera para que no leas. En la historia de la humanidad han existido casos extremos donde los propios gobiernos o dictadores de diferentes países han mandado quemar los libros para evitar el desarrollo mental y profesional de los individuos. Al evitar este desarrollo mental, los mantienen en la ignorancia y así pueden hacer y dictar lo que quieran sin tener reclamos de nadie.

Hoy en día hay muchos interesados que utilizan los medios de comunicación para mantener a las masas en la ignorancia, con el fin de distraerlas al máximo. Me atrevo a decir que algunos medios de comunicación son un imán calibrado para embobar a las multitudes a las que, reconozco, les gusta y se dejan embobar. Curiosamente cuando fracasan en lograr lo que buscan y desean, estas personas son las mismas que apuntan a todo mundo con el dedo índice, acusando: "Eso tuvo la culpa, él tuvo la culpa, algo tuvo la culpa", sin darse cuenta que los tres dedos que doblan apuntan hacia ellos mismos, los verdaderos culpables que prefieren culpar a algo o a alguien en vez de reconocer que todas las decisiones las toman ellos.

¡Decídete a leer!, si no es ilegal comprar libros ni que aprendas lo que más te agrade, entonces por qué no permitirte expandir tu conocimiento. Todo el derecho lo tienes tú, por lo tanto, el único que te detiene eres tú. ¡Ya basta de culpar, es hora de actuar, es hora de despertar al gigante dormido y todo depende de ti! ¿Quieres cambio? ¡Empiézalo!

Recuerda que eres libre de aplicar lo que mejor te convenga de estos escritos y hacer tus propios ajustes según lo que desees y creas que más te convenga. Te aseguro que los resultados que deseas van a lograrse, claro, si estás dispuesto a pagar el precio necesario. Cuando digo el precio necesario no quiere decir que tienes que sufrir y convertirte en un mártir para que, quizá, algún día puedas lograr y gozar lo que te propones; sólo debes tener en mente que todo tiene un precio. Eso de sufrir es opcional. Yo pienso que no es necesario esperar a lograr tu objetivo para luego ser feliz, pues quizás sean años los que necesites para lograr lo que deseas. Por eso creo que lo más apropiado es vivir cada día intensamente feliz y, al mismo tiempo, avanzar hacia el objetivo.

¿Sabes? Existen personas que pasan toda su vida soñando, deseando tener y hacer. Sin embargo, nunca hacen algo y se pasan diciendo: "Al ratito", "Mañana". Casi nunca piensan en que nuestra vida es el ahora, es el día de hoy porque hoy es un regalo y por eso le dicen el presente. El ayer ya pasó y el mañana es incierto. ¿No te parece más apropiado hacer todos los días aunque sea una pequeña acción hacia lo que deseas y ser feliz al mismo tiempo con tu presente, con tu regalo?

Lo importante en este caso es pensar: "¿Qué puedo hacer hoy mismo, en este instante, que me ayude a ir hacia el camino para convertir mi sueño en realidad?". "¿Con qué obstáculos me tendré que enfrentar? Estas preguntas son clave para lograr tu objetivo y te sugiero que las tomes en cuenta para que llegues adonde quieres llegar. Una vez que hayas llegado a tu meta, es necesario buscar y trazar una nueva, un nuevo deseo, para así seguir creciendo y no quedarte en un punto de confort. Si una vez que llegaste a la meta ya no hay nada más adelante, entonces comenzarás a decaer, será una vida sin entusiasmo, de sólo vivir por vivir. Te aseguro que la vida no tendrá el mismo sabor. Mantente siempre ocupado, ya sea aprendiendo, paseando, divirtiéndote, ayudando a alguien o contribuyendo con algo. Así tu vida estará llena de entusiasmo, será emocionante y plena.

Mi estimado lector, te repito que uno de los propósitos de este libro es fomentar la lectura y me atrevo a decirte que la lectura es poder. Sí, así es: quien tiene la información, tiene el poder, porque cuando estás informado, nadie puede engañarte. Claro, la lectura es poder siempre y cuando tomes alguna clase de acción, porque el simple hecho de conocer algo no garantiza el poder. Personalmente cuando leo, imagino, pienso, sueño y eso me ayuda a tomar decisiones para lograr lo que quiero.

Cuando digo que la lectura es una de las herramientas más poderosas para lograr cualquier cosa en esta vida, me refiero a que en los libros hay secretos, es decir, conocimientos de personas expertas en la materia, lo que contribuyó a que obtuvieran el éxito. Estas personas ya vivieron y sufrieron experiencias de las cuales te puedes beneficiar con el simple hecho de leer y, claro, verificando si en realidad lo que dicen te aporta beneficios o no.

Mi sugerencia es que leas, no lo que te digan, sino lo que te gusta, lo que te va a llevar a crecer en tu ramo, en el tema que te interese. Lo maravilloso de leer es que tú escoges qué es lo que quieres leer. Simplemente tú decides qué dirección quieres tomar, tú te conviertes en el autor, productor, director y estrella principal de tu propia película.

Otro de los beneficios de la lectura es que te conviertes en el líder de tu vida y empiezas a tomar tu propio camino diseñado por ti mismo y no por los bombardeos de la televisión o de los rótulos de la publicidad pagada, que lo único que hace es decirte qué hacer y cómo ser. Cuando lees dejas de ser objeto de la ignorancia, de la cual se valen muchos para sacar provecho.

Yo creo que cuando naciste, trajiste contigo todas la habilidades necesarias para hacer una diferencia en este mundo y dejarlo mejor de lo que estaba cuando tengas que partir.

Imagina que eres un lector o lectora, y que lees para aprender y compartir con los demás ese conocimiento, y que gracias a que compartiste ese conocimiento, hiciste la diferencia en una comunidad. ¡Qué grandioso!, ¿verdad? Y ¿qué tal que gracias a eso despiertes una ola de interés por la lectura en alguna comunidad? ¿Y que esa comunidad comience a despertar y a tomar decisiones más acertadas y en beneficio de todas las personas? ¿Te das cuenta? Poco a poquito y quizás muy despacito podríamos estar transformando el mundo.

¿Sabes qué es lo mejor de todo esto? Que por un individuo como tú nuestro mundo puede cambiar. El gran cambio empieza contigo, recuérdalo siempre.

La lectura logra que la imaginación fluya, lo que a su vez logra el desarrollo mental y, por ende, logra un crecimiento personal.

Este pequeño libro no es para decirte que hagas las cosas de cierta manera; simplemente te sugiere que busques para que encuentres.

"El que busca, encuentra" es la frase del millón, ¡no la malgastes como frase de 50 centavos!

Sea lo que sea, te sugiero que sigas las claves que la vida te presenta. Sigue y sigue hasta encontrar eso que buscas y al precio más razonable. Toma acción tras acción hasta lograr tu objetivo. Quizás no sea fácil, pero si estás dispuesto a hacer lo necesario, claro que lo vas a lograr.

Te deseo de todo corazón que la fuerza positiva de todo el Universo recaiga sobre tu persona y te llene de dicha, humildad, gratitud, conocimiento, disciplina, liderazgo y ¡acción!. Los mejores deseos hoy y siempre. Frank Iñiguez, (El Embajador de la Lectura).

Todos en la vida buscamos algo... Y tú,

Para información
y contrataciones de:

Frank Iñiguez

visítenos en el portal electrónico:

www.quebuscas.us
www.frankiniguez.com
www.whatareyoulookingfor.us